文 庫

人生を教えてくれた

傑作！ 広告コピー516

メガミックス編

文 藝 春 秋

目次

まえがき

コピーライターは、言葉の人ったらしである。

あるものは人生をうたい、あるものは恋を語る。その言葉は、刃物のようにグサリと突き刺してくるものだったり、優しいお姉さんのハミングだったりする。またギャグをかます、とぼけたオジサン風のものもあれば、警句を放つ、しかめ面の哲学者的コピーもある。その巧みな言葉は、もちろん商品を売るための戦術ではあるのだが、優れたコピーは媚びは売らない。媚びを売る人ったらしほど成功の確率が少ないという原理はキャッチコピーも同様で、「商品を買ってね」という角度とは違ったところから、ズンズン攻めてくるのである。

雑誌で、新聞で、電車の中で。いわば行きずりの出会いにもかかわらず、そして、「どうせ広告じゃん」と醒めた目でこちらは見始めるのにもかかわらず、悔しいことに、知らず知らずのうちに、すっかり魅了されている私たちが常にいる。

そうなのだ。優れたキャッチコピーは、媚びを売らなくとも、人をコロリとおとす力を持っている。わずか一行の言葉なのに、それを目にした後に残る楽しさや感動は、本一冊読んだ後の読後感以上に濃い場合もある。そして、なかにはその一行と出会うことで、価値観やライフスタイルが変わったという人も少なくないだろう。

キャッチコピーは、そもそもは、商品を売るためのフレーズであり、文学ではない。だから当然、コピーのそばにはその書き手のクレジットもない。けれども、キャッチコピーが単なる宣伝文句として、時の流れとともに忘れ去られていくのはどうだろうか。

行きずりの人の心をすぐさま捉えるキャッチコピー。それは瞬間文学であり、また、現代人の心を直撃する、時代の格言だとつくづく思う。そして、文学や格言が何年経ってもその吸引力を失わないように、また力強いキャッチコピーも、同様にいつまでも感動や共感を与えてくれるものだと思う。

この本は、私たちを口説きおとした言葉の人ったらしたちによる'80年より'01年の約二〇年の間に生まれた秀逸のコピー作品から、五一六本を選出した永遠のフレーズ集である。人生、愛、毎日。心に何かを問いたいとき、ぜひこの本を手にしてほしい。うまいことを言うもんだ、と元気がわいてくるはずだ。

二〇一二年 春

メガミックス

本書は、学陽書房から刊行された『広告コピー傑作選・本読む馬鹿が、私は好きよ。』（一九九九年刊行）と『広告コピー傑作選・ちっちゃな本がでかいこと言うじゃないか。』（二〇〇二年刊行）を一冊にまとめ、再編集、改題したものです。

刊行された本書の掲載コピー及び写真は、東京コピーライターズクラブ、誠文堂新光社、宣伝会議のご協力によって、「コピー年鑑」（'80〜'89年）、「ＴＣＣ広告年鑑」（'90〜'99年）＝誠文堂新光社刊、「コピー年鑑」（'00〜'01年）＝宣伝会議刊より抜粋しています。

＊本文の解説表記　Ｃ＝コピーライター、
ＣＬ＝クライアント、Ｐ＝フォトグラファー、Ｉ＝イラストレーター、
ＡＤ＝アートディレクター（Ｐ、ＩとＡＤは広告写真頁のみ掲載しています）
（　）の年は「コピー年鑑」、「ＴＣＣ広告年鑑」に
掲載されている年度を表記しています。

＊クライアントは「コピー年鑑」、「ＴＣＣ広告年鑑」に掲載されている
当時の企業名を表記しています。

人生を教えてくれた 傑作！広告コピー516

構成＝猪野尚子／編集＝原田英子（メガミックス）
ブックデザイン＝守永隆伸＋DOT inc.

女

woman

あなたのヌードは、ちゃんとエッチですか。

鏡の前で自分のハダカを見てる人って、ただのナルシストじゃありません。丹精込めて手入れした体を、愛でてるのです。そして、とってもセクシーなボディの持ち主なんです。
C＝児島令子　CL＝マチス化粧品（92年）

いつまでも若いなんて、オバケです。

シワの溝が深くなった、シミが突如できた。などと歳を嘆くことなかれ。上手に歳をとった女の人のシワって若い人からみれば、カッコいいんですってば。
C＝児島令子　CL＝マチス化粧品（92年）

いい女になるためには、
悪い女にも
ならなくちゃあね。

キレイだけど優等生の女のコって、何故かモテなかったりしますよね。男の人はワガママだったり、ちょっと意地悪な女に魅力を感じるのです。そう、刺のあるバラの花こそ、いい女の代名詞と言えるかも。
C＝西村佳也　CL＝マリークワント コスメチックス ジャパン（82年）

ハートをあげる。ダイヤをちょうだい。

女って、男の恋心を逆手に物をおねだりする天才なのかもしれない。そうとは知っていながらも、贈り物をする男心。ああ。
C＝米嶋　剛　CL＝サントリー／バレンタインギフト（88年）

本読む馬鹿が、私は好きよ。

女が男を好きになる基準。時として自分にないものを求めたりするようです。野性的な女性が理知的な男に惚れるのが現代。

C＝糸井重里　P＝操上和美　AD＝サイトウ・マコト　CL＝パルコ（88年）

女 woman

シアワセなら、みんな、美人です。

やっと、
男ができました。
それで、
優しくなりました。

シアワセな人は、顔面から笑みがこぼれそうです。その顔は、見ている人までもニコニコといい気持ちにしてくれます。あなたのまわりにもいるでしょ、こんなシアワセ美人。
C＝福寿　誠　CL＝千趣会／人材募集（84年）

恋をすると痛みを知ります。痛みを知った人は、心からやさしくなれます。恋は、素晴らしい魔法です。
C＝吉永　淳　CL＝流行通信社／流行通信（89年）

今日から、きれいに、なればいい。

きれいになるために頑張れば、成果は表れるし、その成果が自信となって、もっと頑張ろうと思うようになるのです。きれいは努力。今日からきれいを始めよう。

C＝山本尚子　CL＝セゾングループ／セゾンカード（88年）

ワラワ、新しい古いタイプです。

仕事をバリバリこなして、しかも男の人をたてる奥ゆかしさを持ってる女性。男はクラッとするんです。
C＝眞木　準　CL＝伊勢丹／サンヨーフェア（85年）

アイ・ラブ・ミーでいいんじゃない

自分のことを好きでいられる。これは、美しくあるための重要ポイント。自分を愛している人は、自信のオーラで輝いてます。
C＝佐藤芳文　CL＝資生堂／エリクシール（85年）

いいおばあさんに、
なりたい。

おばあさんは、女の完成作品といえるかもしれません。極上の女に完成するためには、恋をして、おいしいものを食べて、いろんなものを学んで、いっぱい心の贅沢をしなくっちゃあね。
C＝糸井重里　CL＝パルコ（88年）

いまは女が醜くなれない時代だと思う。
でもきっとそれは、
女にとって幸せなことよ。

1983年には、こんなコピーが新鮮でした。でも、OLがオヤジ化している今こそ、このコピーの重みを感じるのです。
C＝西村佳也　CL＝サントリー／サントリーオールド（83年）

一冊、同じ本読んでいれば、
会話することができると思うの。
その本を読んでから、
彼女は言葉を選ぶようになった。

おしゃれが上手でも、頭の中が空っぽな女のコは、モテないんですね。だから、知識の海、本を読んで、頭から女を磨きましょ。
C＝仲畑貴志　CL＝新潮社／新潮文庫（80年）

亭主元気で留守がいい。

外国では、日本の妻たちは三指ついて夫の帰りを迎えているといまだに思っているらしいのですが、そんな姿は遠い過去に葬られてしまいました。このコピーが慣用句になった今じゃ。
C＝石井達矢　CL＝大日本除虫菊／防虫剤（87年）

女だって、女房が欲しい。

掃除、洗濯、炊事。誰かにまかせたい！　と思うのは、働く女だって同じ。ちなみに最近では主夫願望の男たちが増えてます。
C＝根岸礼子　CL＝NTT／でんわばん（86年）

女は、仕事で死んだりしない。

四十才は二度目のハタチ。

バリバリ働く女性は少なくない。でも女の過労死って確かに、あまり聞かない。しっかり仕事もするけど、ちゃっかり遊ぶ。女って、したたかだからなのかも。
C＝仲畑貴志　CL＝ワールドゴールドカウンシル／ジュエリー（92年）

20歳がなんじゃい。60歳は三度目のハタチなんだぞ。ものは考えようで、元気がわいてくるよね。
C＝眞木　準　CL＝伊勢丹（92年）

女性たちよ、
家を持とう。

家は男が買うもの、だなんて思ってたら、男に依存しない限りマイホームには縁がないことになりますね。家を持ってローンを抱え、頑張って働く女性こそ、自立した女の鏡かも。
C＝岩井俊介　CL＝富士銀行
／レディース住宅ローン（96年）

ダイヤは哀しみを殺せます。

ダイヤに目がくらむという言葉があるように、あの眩い輝き、恐ろしいほどの豪華さは、悲しい心まで忘れさせてくれます。女がいちばん欲しいもの。だから、婚約指輪に選ばれるのかも。
C＝藤原大作　CL＝日本鉱業
／ジュエリー（89年）

男も妊娠すればいいんだ。

産みの苦しみを男の人も知っていれば、そうそう軽率にエッチできないはずよね。そのために、この商品を忘れちゃダメ！

C＝根岸礼子　CL＝オカモト／避妊用品（88年）

もしも、
女性に魅力がなかったら、
人類は、
この先どうなるでしょう。

女性が女を捨ててオバサン化したら、男は生きる喜びを失います。それどころか、結婚率、さらには出産率にまで悪影響が生じ、人口減少にまで波及するかもしれません。あなたが魅力的でいるのは、世のためなのです。
C＝一倉　宏　CL＝ポーラ化粧品（92年）

今日、私は、街で泣いている人を見ました。

街で、電車の中で、こらえきれずに泣いている人を見かけるのは珍しくなくなりました。現代女性は疲れています。ストレスで痛めつけられるのは、心だけではありません。女性の皆さん、お肌のケアを大切に。

C＝仲畑貴志　CL＝エーザイ／チョコラBB（90年）

他人という鏡に映った私は、
美しいだろうか。

女を磨く最高の方法。それは自分を客観視する目を持つことです。そうすれば、美しい所作も自然と身についてくるはずです。
C=戸田裕一　CL=サントリー／サントリーオールド（82年）

日本のお母さんは、
きっといつか倒れると思う。

世界でいちばん働き者といわれているのが日本人。そして日本でいちばん働いているのが仕事と家事、育児の3足のワラジをはいているお母さん。「女の時代」も決して楽じゃありません。
C=石川英嗣　CL=旭化成工業／ヘーベルハウス（92年）

姉は今年こそと、
妹も今年こそと、
春がゆく。

小さい頃から仲良くしてきた姉妹も、適齢期になるとライバル心むきだしになるのかもしれません。父親の心境は、複雑です。
C＝長沢岳夫　CL＝パルコ
（81年）

笑ってごまかせるのは、
いくつぐらいまでだろう。

笑ってごまかせなくなったら、知ったかぶりするか、知性を磨くかの2つに1つしかありません。子供はラクでいいなあ。
C＝日暮真三　CL＝ぴあ（80年）

思いあがりも
24どまりだ。

女はクリスマス・ケーキ。24過ぎれば、売れ残る。なぁんてブラック・ジョークが、その昔ありましたっけ。ともあれ、お見合いの世界では、女は24歳すぎると難アリ商品と同じだとか。
C=児島令子　CL=尼崎市総合文化センター／結婚式場
（93年）

やせる魔法はない。

ダイエットなんて全然していない、なんてウソぶく女優がいるけど、芸能人も一般人もみんな陰では涙ぐましい努力をしてる。
C=田口まこ　CL=大塚製薬／ポカリスエット・ステビア
（91年）

私は、男の人を、
ふったことがないのです。
キスというものを、
ここしばらく、してない。

恋に臆病だったり、縁がなかったりする女のコがいます。でも、決して恐がらないで。あきらめたりしないで。心を閉ざしさえしなければ、恋は不思議とやってくるのだから。
C＝児島令子　CL＝尼崎市総合文化センター／結婚式場
（96年）

おんなのコでよかったね。
おんなのコって、いいでしょう。

女のコが元気な時代です。女のコでいることを自慢しちゃってるかのようなコピーだけど、何故か微笑んでしまいます。男のコでは、こんなイカしたコピーが生まれないのは、やはり時代のせいなのでしょうか。

C＝佐藤澄子　CL＝パルコ

（96年）

アタマのキレイなひと。

頭にくるけど、
男の視線は足にくるのね。

美しさとは、内面からにじみ出てくるもの。外見だけの美人はメッキにしかすぎません。女性よ、頭をピカピカにしましょう。
C＝一倉 宏　CL＝講談社／フラウ（92年）

男の人の視線はシビアです。ミニスカートの短かさ長さにこだわる前に、まず足のお手入れを入念にしましょう。フットケア・メーカーの広告でした。
C＝源中冬彦　CL＝中央物産／ドクターショール（88年）

メイクを落とすと、誰だかわからなくなる
有名女優がいます。お化粧は変装じゃない。
あなたは、あなたでいてください。
（まっすぐ生きると、傷つくことが多い。
だから、ココロとカラダを大切に。）

自分の心をごまかすようなお化
粧なら、しない方がいいと思い
ませんか。
C＝仲畑貴志　CL＝オリジン
ズ／化粧品（96年）

おしゃれとは、自分でしっかり、
自分を見はっていること。

自分の体型、キャラクターを把握して、自分に何が似合うかをちゃんと知っていることこそ、おしゃれの最大の秘訣なのです。C＝土屋耕一　CL＝資生堂／インウイ（84年）

美しい人の言葉は、
何度聞いても美しい。

昔の女優さんたちは、とても美しい日本語を喋っていました。美しさとは、見かけだけでなく、言葉使いをもいうのです。今の日本女性は外見はよくなっても、言葉使いでは、かなりブスです。C＝土井徳秋、益田　稔　CL＝ソニー／マイクロカセットコーダー（81年）

その微笑が、罪つくりなんだな。

仕事で疲れている時、ふっと彼女が笑う瞬間に安らぎを感じたりして。男は、女の涙ではなく、実は女の笑顔に弱いのでした。

C＝内田今朝雄　CL＝資生堂／オーデコロンモア（81年）

女性の美しさは都市の一部分です。

真っ赤なコートを着て颯爽と闊歩するニューヨークの女性。カフェでタバコ片手にお喋りに夢中なパリジェンヌ。都市の文化を何よりも語るのは、美しい女性の姿かもしれません。

C＝土屋耕一　CL＝資生堂／インウイ（82年）

女の記録は、
やがて、男を抜くかもしれない。

80年代半ば。男女雇用機会均等法が生まれました。以降、女性の大臣も次々と誕生し、徹夜仕事をする女性も増えました。女性の体力も確実に上向いてます。
C＝土屋耕一　CL＝伊勢丹
（81年）

それよりも、
笑顔が流行するほうがいいな。

眉毛を細くしたり、茶髪にしたりと、右へならえの女のコたちにはウンザリ。でも男のコもお父さんも先生もバスの運転手さんも、みんな、笑顔の流行になら大賛成なはず。だって日本中が楽しくなるんだもん。
C＝矢谷健一　CL＝味の素
（88年）

私、誰の人生も
うらやましくないわ。

同じ独身女性でも、結婚しない人と結婚していない人は全然違う。結婚しない女性は意志の人。他人の生き方に左右されない。だからカッコいい。カッコよく、シングルを生きる人が読むホームページの宣伝コピー。

C＝児島令子　CL＝松下電器産業／シングルステージ（00年）

私の主食は、
レタスと恋とカンビールね。

恋も缶ビールも謳歌する。30年前は、そんな女性のことを翔んでるオンナなどと言った。今では、翔べない女性は天然記念物。

C=眞木 準 CL=サントリー／缶ビール（81年）

私の
化粧のことで
場が盛り上がって
います。

もしも職場にゴージャス系の女性がいなかったら男性社員のモチベーションは下がるというもの。OLのお化粧やおしゃれを支えるファッションビルの宣伝。
C＝門田　陽　CL＝マツヤレディス（00年）

メイクをした顔が、
自分のほんとうの顔
だと思う。

顔がマズいと外にも出られないっしょ。一人前の女として堂々、外出できるのは、メイクのうれしいマジックのおかげです。
C＝岩崎俊一　CL＝西武百貨店／スタイリッシュライフカレッジ（01年）

今年の服を着ていても顔が去年のままですよ。

確かに時が経てば、顔も古くなる。10年前のドラマを見ていて、女優たちの眉の太さにゾッとさせられたりして。恐るべし流行。

C＝岩崎俊一、岡本欣也　CL＝西武百貨店／スタイリッシュライフカレッジ参加者募集（01年）

顔は、ハダカ。

目にブラジャーをつけた人を見たことはありません。鼻にパンツをはかせた人も皆無です。なるほど、顔は素っ裸。お手入れしましょう。

C＝仲畑貴志　CL＝コーセー／アンテリージェ（97年）

たとえ親友でも、
すっぴんで会う勇気はない。

あまりにも見苦しい肌を人前にさらけ出すのは、ある種、犯罪かも。スキンケアは、女の道徳ともいえる。
C＝広瀬純子　CL＝持田製薬／コラージュ・ゴールド（94年）

顔を変えるより
髪を変えるほうが、
顔は変わる。

確かに。でも、いくら髪型を真似ても、顔まで女優に似せられるとは限らない。
C＝岩崎俊一、岡本欣也　CL＝西武百貨店／スタイリッシュライフカレッジ参加者募集（01年）

あの人は、
どうしてきれいなんだろう

美人と、美しい人は違います。美人は親に造られたもの。美しい人は自分で造るもの。きれいなココロとカラダになって、美しい人になりましょう。そのために、烏龍茶を飲みましょう。

C＝安藤 隆　P＝藤井 保
AD＝葛西 薫　CL＝サントリー／烏龍茶（92年）

女 woman

目を閉じても見える人。

口笛でタクシーをとめる服。

目を閉じても見える人。このコピーの前では「クレオパトラよりも美しい人」という誉め言葉も大敗。
C＝眞木　準　CL＝伊勢丹／アン・クライン（91年）

口笛でタクシーをとめる。ニューヨークのトッぽい女性たちがする行為です。こういう人たちは、「ダナ・キャラン」が大好きです。服のセンスは、生き方のセンスでもあります。
C＝眞木　準　CL＝伊勢丹／ダナ・キャラン（89年）

美しい50歳がふえると、日本は変わると思う。

美しい50歳が増えると…。恋愛に飢えていたオジさんたちはやる気を取り戻し、日本経済は回復するでしょう。そう思うとアンチエイジング化粧品もあなどれない。

C＝岩崎俊一　CL＝資生堂／アクテアハート（97年）

南むきの性格が、彼女の日常を、明るいものにしています。

住所氏名年齢職業を脱いで、ただ女でいるのもいいものね。

南むきの性格とは、香りのこと。どうやら香りひとつで生活が明るくなるらしい。確かに、香りのフェロモン効果で彼をゲットし、めでたい毎日を送っている人がいないとも限らない。
C＝佐藤芳文　CL＝資生堂／スーリール・パルファム（82年）

名刺を見せなきゃ、ただのオバさん。そうならないためにも、香りは大切。ただそこにいるだけでアトラクティブな女に。そんな解釈もできる「インウイ」のコピー。
C＝佐藤芳文　CL＝資生堂／インウイ・パフューム（82年）

Ms.ニッポン
いい女はいい女、
ミス・ミセスの区別はいりません、
だからミズ

んーだ。独身オンナが何だべさ。今どき、ミス、ミセスで女を区別するなんてニッポンは遅れているべー。と日本中のミセスから賛辞を浴びたであろう、主婦向け化粧品のキャッチ・コピー。

C=佐藤芳文　CL=資生堂／エリクシール（84年）

女の週末が、攻撃的になった。

キャリア・ウーマンにあたる日本語って、なんでしょう。

テニスにダイビングにと、ウィークエンドをアグレッシブに過ごす女性たちがいよいよ台頭してきた80年代初頭。当時の20歳のOLにも買えた車の広告。

C＝笠原伸介、調　昭雄　CL＝トヨタ自動車販売／スターレット（80年）

30年前、「カルバン・クライン」を着てブイブイいわせていた彼女も、そろそろ定年間近。キャリア・ウーマンという言葉といっしょに、過去の人になってしまうのか。
C＝土屋耕一　CL＝伊勢丹／カルバン・クライン（80年）

それゆけ私

それゆけ、は英語にすればレッツゴー。それゆけ私、がレッツゴー私、じゃダサダサだし、レッツゴー3匹、がそれゆけ3匹、だとおバカすぎる。言葉の相性って大事だよね。
C＝安藤　隆　CL＝サントリー／烏龍茶（98年）

フランス語で笑いましょう。

そういえば、友人の愛犬は、確かフランス語で吠えていた。その犬は、確かフランス製のニットを被っていた。ファッションは魔法だ。
C＝眞木　準　CL＝伊勢丹／カール・ラガーフェルド・ブティック（89年）

人形はセクシーになったとき、
女になった。

当時、このキャッチ・フレーズを書いた魚住勉氏は、後に妻になる浅野温子嬢と恋愛中だったとも推測できる。これ、アイドルから女へ脱皮する女優の方程式だもの。
C＝魚住　勉　CL＝サントリー／カンパリ（81年）

服を変えるより、
香りを変えるほうが勇気がいる。

香りで夜這いに来る殿方を判断していた源氏物語の中の姫君たち。そう、香りは自分の存在証明。やたらめったら変えられない。だから慎重に選びたい。
C＝魚住　勉　CL＝丸井／香水（80年）

ひとりで遊ぶ日は、
2つ年上に着替える。

女がファッションで2つ年上に見せたいのは、いくつまでか。30歳になったら、2つ年下に。40歳になったら、5つ年下に。必ず、そうなる。

C＝松塚しのぶ　CL＝三貴（89年）

ワンモア　ビジン

このキャッチ・フレーズを目にしたとき、ワンスモアビジンと勘違いした。美人をもう1回ね、とおねだりするエロおやじが浮かんだ。カタカナハ　オモシロイネ。

C＝眞木　準　CL＝資生堂／プラウディア（98年）

ブルドッグは、
なぜ老けて見られる
のでしょうか。

それはタルミが原因。肌に関するコピーは数あれど、ブルドッグを引き合いに出す、恐怖訴求は絶品。図太い女性もたじたじ。
C=児島令子　CL=オッペン化粧品／「妙」（98年）

そろそろ
目鼻だちより、
肌です、肌です。

いくつだからね、と頭ごなしに言われたら説教になる。もうそろそろと、控えめに言われたら、アドバイスになる。言葉は選んで使おう。
C=児島令子　CL=オッペン化粧品／シフォネージュ（97年）

私の肌は、私自身の作品である。

石版画のようなシミ。ナイフで刻んだようなシワ。石膏のようなカサカサ・スキン。まさに肌は、アートだ。
C＝中塚大輔、鈴木裕子　CL＝マリークワント コスメチックスジャパン（80年）

あなたは、
愛する人のために、
やせたいわけではない。

愛すべき自分の人生のために。とコピーは続く。そうなのだ。愛は終わるが、人生は続く。自分のためにじゃないと、もったいなくてやせられやしない。
C＝児島令子　CL＝オッペン化粧品／ソリッドシェイプシリーズ（98年）

男

man

男は女から生まれた。

男の違いって何だろう?

男は歳をかさねるにつれ、だんだんと味のある男になっていくのです。それは、女から男が生まれるように、ジーンズにもいえる永遠の定理なのです。
C=古泉和子　CL=ビッグジョン（91年）

モノやワザにこだわり、その違いがわかる。それが、男の小さな幸せだったりする。
C=河合良文　CL=ネッスル日本／コーヒー（81年）

こどもになれますか、
オジサン。

オジサンは子供にはなれないけれど、子供の気持ちになることはできます。だからたまには、子供と一緒にブランコに乗ってみたり、ジャングルジムにのぼってみたりができるのです。
C＝仲畑貴志　CL＝ソニー／カセットテープ（84年）

大声で泣けますか、
センパイ。

大声で泣けたら、どんなに気持ちのいいことか。想像したことありますか。男泣きに泣く快楽、それは自分自身に正直になれるときなのです。
C＝仲畑貴志　CL＝ソニー／カセットテープ（84年）

ほぼ想像できる。はいてる奴のオンナ。

男のスタイルから想像できる彼の女のイメージ。逆もまた真なりで、彼女からその男のイメージも想像できるのです。
C＝仲畑貴志　CL＝ビッグジョン（85年）

ほぼ想像できる。はいてる奴の顔。

身だしなみは大切だ。なぜなら、ちょっとした油断から全てを判断されることもあるから。おのおのがた、油断めさるな。ジーンズもあなどれませんぞ。
C＝仲畑貴志　CL＝ビッグジョン（85年）

青年よ、かわいているか。
おじさんも、かわいている。

おじさんは潤いのない社会に乾いている。青年もまた、夢叶わぬドライな現実に渇いているのです。

C＝岡部正泰　CL＝サントリー／ビール（82年）

酒でしか女を口説けない
男にはなるなよ。ベイビイ。

シラフでしか女を口説けない男も問題ですが。酔わなきゃ、そんな恥ずかしいこと言えない男の純情もあるわけでして。

C＝松尾昌介　CL＝味の素ゼネラルフーヅ／コーヒー（81年）

コミックを持って、僕らは父親になった。

愛と勇気と冒険を教えてくれたコミックは、もうひとつの教科書だった。その面白さは大人になっても忘れないのです。

C＝岩崎俊一　CL＝小学館／ビッグコミックスピリッツ（81年）

スカートも哲学書も、めくるのは十代だった。

目にするもの、口にするもの、触れるもの、何でも刺激的だった10代の頃。興味の対象はスカートの奥から宇宙の真理まで幅広かった。少年とは、その興味の方向性によって学者にも、冒険家にもなれる可能性でできているのです。

C＝一倉　宏　CL＝サントリー／ローヤル（88年）

スーツを着て高い声だすな、と
歳上の男は思った。

いるんだよな、こんなヤツが。春先に電車に乗ったり街を歩いているとミョーに高い声だしてハイになっている連中。きっと彼らは新人ビジネスマン。そのとき、年上の男は大人ぶるのだ。
C＝秋山　晶　CL＝メルボ紳士服（86年）

スーツを着てガムかむな、と
歳上の男は思った。

おしゃれにＴＰＯがあるように、ガムを嚙むにも、ＴＰＯがあります。それをわきまえるには、ある程度の年季が必要です。紳士とはいわば、男の年輪なんです。
C＝秋山　晶　CL＝メルボ紳士服（86年）

少年は誰でも幻の女を持っている。

映画監督や小説家は、憧れの女性像を現実化させることに情熱を注いでいます。それは、きっと少年の頃からの夢だったに違いありません。
C＝秋山 晶 CL＝キユーピー／アメリカンマヨネーズ（90年）

見知らぬ男に出会っても、
過去を尋ねてはならない。

アメリカの西部を舞台に、ビッグジョンが展開した男のドラマ・シリーズ広告です。ドラマチックな男といえば、流れ者。そして、流れ者に過去を尋ねないのが男の仁義の鉄則なのです。
C＝仲畑貴志 CL＝ビッグジョン（80年）

父は、この年齢のとき、
何をしていたか。
ふと、気になってしまった。

心に残る男たちの顔を想いうかべると、
みんな、少年のようだ。

ビッグジョンの西部シリーズ。男には、自分を父と置き替えて、生き方を考える瞬間がある。見えない目標をさがし求めて荒野をさまよう男には、ジーンズがピタリと似合ってしまう。C＝仲畑貴志　CL＝ビッグジョン（80年）

思い出してほしい。宇宙を語るホーキンス、レーサー中島、マッキンレーに消えた植村直己。みんな、みんな、少年のような顔をして、自分の夢を語っていた。C＝仲畑貴志　CL＝ビッグジョン（80年）

毎日ビールを飲んだ。
それでも渇いていた。

ビールを毎日飲んでも、いやせないほどの渇き。それは喉の渇きではなく、心の渇き。子供のころには感じることのなかった、渇きを覚え、大人になっていくのかもしれません。

C＝岩崎俊一　CL＝キリンビール／ビール（92年）

男をやっていると、
喉が渇くことが多い。

ホントそう。会社の上役に怒られて、嫁さんと母親の関係を心配して、ああ子供の進学、ローンもある、あ、あ、あ、あー。たぶん働く女たちも同じ、喉が渇くことが多いんだろうなあ。
C＝山本高史　CL＝キリンビール／ビール（95年）

薄ぎたない男は許せる。
許せないのは薄ぎれいな男。

薄ぎたなさは、男らしさに通じる。薄ぎれいさは、ただのメッキにしか過ぎない。男の着こなしは、むずかしい。要は、中身がモノをいうのかもしれません。
C＝菅　三鶴　CL＝伊勢丹／ビジネススーツ（84年）

ぶんなぐられて、男になった。

男は女を守ってくれるでしょうか。

殴られることの痛みは、心の痛み。男は痛みをいっぱい身に受けて、忍耐力ややさしさ、包容力を身につけて、より男らしくなっていくのです。
C=魚住　勉　CL=小学館／郷ひろみ『たったひとり』（81年）

男女平等、の声高らかに聞こえて久しい今。男は、弱い女を守る、という自然の法則も変化してしまったような。でも、女はやっぱり男に守ってほしい！
C=小霜和也　CL=蘭華社／夕刊紙『東京レディコング』（91年）

ケンカはシラフでするものだよ。

欲しがる男には、勝てません。

シラフで喧嘩する、これぞ男の美学。お酒の力を借りて意気がる男は、その時点で負けたも同然です。
C＝小野田隆雄　CL＝サントリー／サントリーオールド（88年）

なんだかんだいっても、バレンタインデーでチョコをもらって嫌がる男はおりませぬ。でも、どうせ贈るなら、ブランデーVSOPのリーズナブルな、ベビーボトルを！　という広告です。
C＝一倉　宏　CL＝サントリー／バレンタイン・ベイビーズ（84年）

あんたも発展途上人。よろしく。

500円ウィスキーのサントリーレッドで青春を語り、ツケがきく年代になったらホワイト。さらに上には憧れの角瓶、オールド、ローヤルが待ってます。C＝眞木　準　CL＝サントリー／ホワイト（84年）

ビジュアルは永遠のロッカー「永ちゃん」。そしてこのコピー。この一言ですべてを語れるのは彼しかいません。永ちゃんの強さ、ツッパリ、メジャーさ、キザっぷりを真似てか、「よろしく」が男たちの間の流行語となりました。C＝糸井重里　CL＝小学館／矢沢永吉写真集（80年）

けれど、
たっぷり飲んで
アヒルになりたい
時もある。

深夜の街を千鳥足で彷徨する酔っぱらい。いますねぇ。ぐでんぐでんになるまで酔っぱらって憂さ晴らし。ワカル、ワカル、その気持ち。男はつらいのです。
C＝小野田隆雄　CL＝サントリー／ローヤル（88年）

上手に年をとらないと、
赤の似合う男にはなれない。

男は、バーゲンにいくな。

赤は下手すると下品になる色。でもその赤が似合う男は、どんな色でも品よく楽しく着こなせる人生の遊び方を知っている人。車もお洒落に乗りこなす男です。
C＝山田和彦　CL＝トヨタ自動車販売／チェイサー（80年）

バーゲンは、女性のためのイベントです。流行を安値で手に入れようとバーゲンに走る男は、男の風上にもおけません。
C＝細野一美　CL＝ビッグジョン（88年）

男にはワケがある

男には○○○するワケがある、男には○○○したワケがある、男には○○○でなければならぬワケがある。そのワケを言わない寡黙さが男の価値というもの。
C＝佐藤芳文　CL＝資生堂／ビコーズ・メンズコロン（85年）

男は女の木陰です。

元始、女性は太陽であった。という名言がありました。女はサンサンと輝きを放つ華やかな生きもの。男は、女を陰で見守る存在。そうあってほしいと、女は願っています。
C＝眞木　準　CL＝伊勢丹／メンズファッション（86年）

彼女に声をかける、粋な言い回しを、
いくつ思いつきますか。

経済や政治情勢に詳しいだけが男の能力じゃありません。粋な言い回しで女を口説く。これも男の能力です。
C＝土屋耕一　CL＝資生堂／インウイ（81年）

都会で最初に住んだ
場所は忘れられない。

華やかな街。人情あふれる街。殺伐とした街。都会で最初に住む場所によって、その人の都市観が決まるのかもしれません。
C＝秋山　晶　CL＝キユーピー／アメリカンマヨネーズ（90年）

競馬って、ちょっと傷つく感じがいいね。

市民の健全なギャンブル、それが競馬！　自分のお小づかいで、おさまる程度の「傷」は健全なマゾヒズム。でもたまに、かなり儲かると、投資の額もかなり増える。そして、かなり傷つくことになります。ご用心！
C＝小霜和也　CL＝東京都特別区競馬組合（91年）

ウイスキーの中には、俺の独立国がある。

誰にも侵されたくない孤独な時間。それが、男の独立国。酔いの夢想のなかで、男は大冒険家、名探偵、大思想家になれるのです。そんな男の理想の姿を、今は亡き作家、中上健次にオーバーラップさせたシリーズです。

C＝一倉 宏　P＝上田義彦

AD＝小林良弘　CL＝サントリー／ウイスキー（88年）

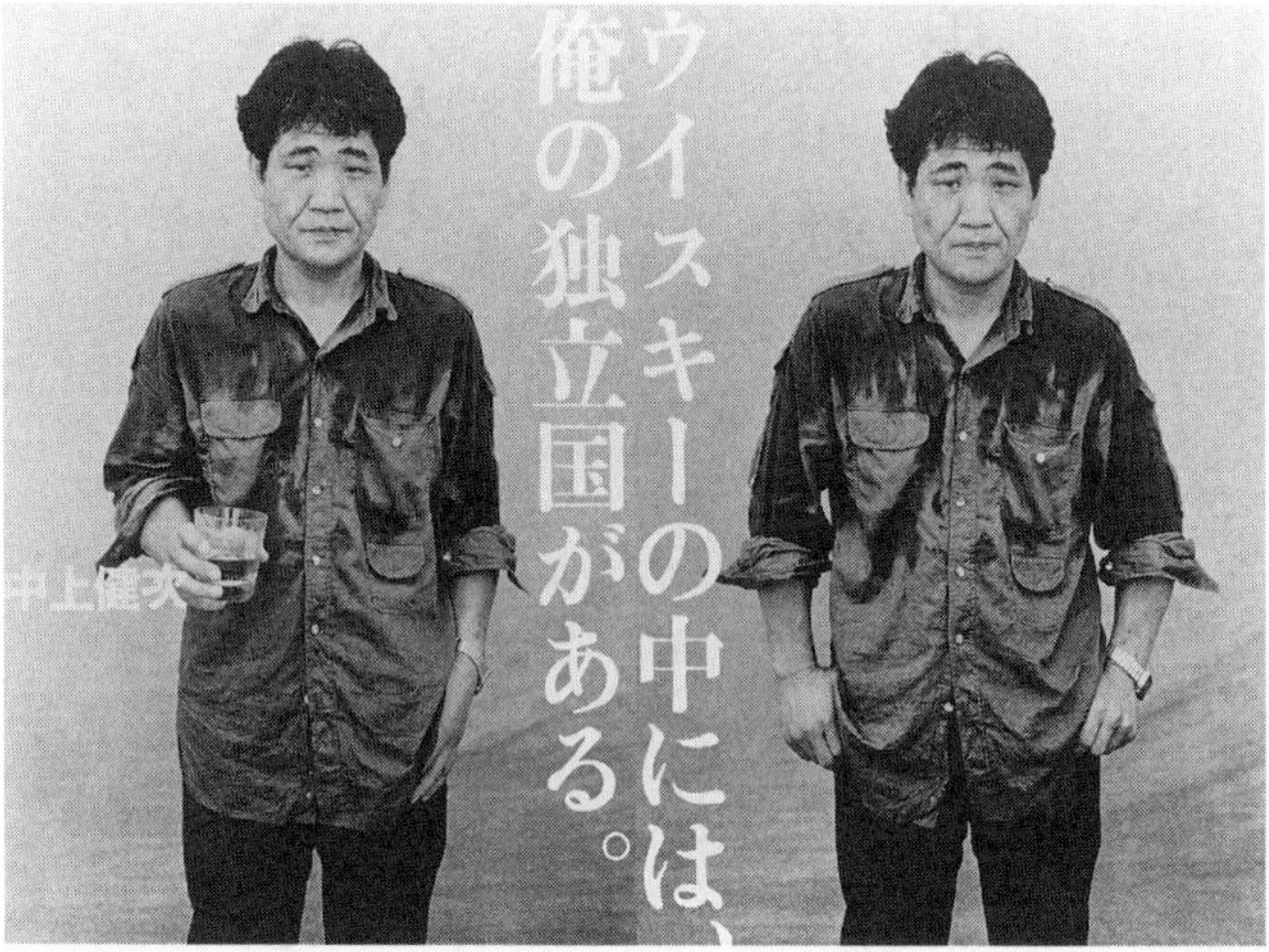
ウイスキーの中には、
俺の独立国がある。
中上健次

ヘタなカツラをつけるなら、
ハゲのままでいい。

中途半端なことをすると、かえって滑稽に見えます。ここまでいいきってくれる商品ならば、なんか信頼できそうです。
C＝金沢康雄　CL＝スヴェンソン／男性用ウィッグ（88年）

女が好きなものは、
男だって好きなのだ。

宝石、花束、ブランド物のバッグや靴、ドレスなど、身を飾るものが好きな女たち。男は、それらの品物によって美しく飾られた女が好きなのです。
C＝根岸礼子　CL＝ダイアナ靴店（82年）

アホでもいいよ、元気なら。

少年時代のアホは天真爛漫。体が健康でありさえすれば、アホは子供のチャームポイントになるのです。
C＝仲畑貴志　CL＝扶桑社
（88年）

僕は誰にも似ていない。

没個性といわれた時代。個性イコール魅力だった。だから個性のある商品は没個性の人に支持されていく。ウィスキーの魅力を語るサントリーの広告です。
C＝秋山　晶　CL＝サントリー／リザーブ（85年）

黙って、唄え。
唄ったら、泣け。
泣いたら、逃げろ。
そう、たぶん、
時代が悪い。
それだけのこと。

いさぎよく諦めることも、いさぎよく逃げることも、男の美学。カッコ悪いのを認める男がカッコよかったりするんです。
C＝藤原大作　CL＝マザー&チルドレン（88年）

男はいつだって、
目を見開いたまま夢をみている。

男にとっては世界が心臓、女にとっては心臓が世界。19世紀初頭の劇作家、グラッペの名言があるように、男はいつも夢という世界へ旅をしている。ウィスキーという友を道づれに。
C＝西村佳也 CL＝サントリー／リザーブ（81年）

20歳までに、
僕はいくつ河を渡るだろうか。

大人になって渡る河など少年の日の河にくらべたら、ひとまたぎのせせらぎ。80年代に入った頃、少年たちはラジカセ片手に河を渡った。
C＝秋山 晶 CL＝パイオニア／ランナウェイ（81年）

街よりも、彼は荒野で死にたかった。

音楽をガンガン流しながらハイウェイを車でぶッ飛ばす。アメリカ映画でお決まりのヒーロー像。荒涼と孤独と音楽の3点セットで、男のロマンをかきたてるカーステレオの広告。
C＝秋山 晶、田村 定 CL＝パイオニア／ロンサムカーボーイ（81年）

彼には、都会が狭すぎるだろう。

都会の雑踏の中で行き場を見失っている男は、茫々とした荒野へ逃げ場を求める。酒は一瞬にしてそこへ連れていってくれる。
C＝長沢岳夫 CL＝サントリー／サントリーオールド（80年）

浪漫はあるか、お前に。

このキャッチフレーズの前段に「歴史のなかで、男たちが問いかける」とある。その男たちとは熾烈な運命を生きた天平の遣唐使594名。

C＝植野　純　CL＝ニッカウヰスキー／スーパーニッカ（81年）

無鉄砲という武器を、
あんたにあげよう。

無鉄砲とは、若さゆえに持てる男の武器。石橋叩いて渡る大人に、もう一度豪胆さを。これは、男が読むコミックの広告コピー。
C＝岩崎俊一　CL＝小学館／ビッグコミック（80年）

丸クナルナヨ。

丸クナッタナ、トイワレテ喜ブ男ハ、人生カラオリタヒト。サントリー角ヲノンデ、トンガロウジャナイカ。

C＝磯島拓矢　CL＝サントリー／角（00年）

男たちのタマは、どこへ行った。

いいタマ持ってた幕末の志士たち。こんないい面構えの野郎たちを、男がメス化している今どき探せというのが無理。

C＝前田知巳、原科健介　P＝半沢克夫　AD＝石井　原　CL＝宝島社（00年）

男たちのタマは、
どこへ行った。
?
?
男よ、立て。
宝島社

うるさそうな女に会ったので
酒はジンにした。
あまり話したくないので
酒はジンにした。

制御しがたいものを順に挙げると、酒と女と歌。そう言ったのはフランクリン・アダムス。無口が美徳で、カラオケがまだない、静かな時代である。
C＝秋山　晶　CL＝サントリー／ドライジン（83年）

飲む時は、ただの人。

ボディコピーは「天才も凡人も、社長もヒラも、大臣も庶民も、なんもかも、ホワイトのボトルの前では、同じ、普通の人間」と続く。普通の酒の力は凄い。
C＝眞木　準　CL＝サントリー／ホワイト（83年）

ウイスキーを古いと言う
あんたが古いぜ。

古いものは古くならない。新しいものだけが古くなる。トレンドを追いかけるオッサンはすぐに古い、と言いたがる。トレンドを作る若者に、結局バカにされている。

C＝一倉 宏　CL＝サントリー／リザーブ（00年）

ロレックスとは、妻より長い。

バイク、カメラ、アーミーナイフ。妻より古い付き合いを挙げていったらきりがない。ただ、古いと長いは別もので。古を卒業するのは簡単だけど、長いをきるのは大ごとだ。

Ｃ＝岩崎俊一　ＣＬ＝Ａ・Ｍ・Ｉ／ロレックス（98年）

女性の前で、
いきなりシャツ一枚になれますか。

分類上、ワイシャツは下着です。たいていのオフィスで、男たちは下着で働いているわけだ。パンツにこだわるのなら、ワイシャツにも気を使わないと。
C＝眞木　準　CL＝国際羊毛事務局／ウールドレスシャツ（91年）

外国ではそこに住んでいる人のように
着るのが、スーツだ。

余計な力を入れずリラックスして、さり気なく。何かにつけてこれが大切であるとはわかっている。わかるけれど、青い目の美人の前だとついつい気合が入ってしまう。
C＝秋山　晶　CL＝メルボ紳士服（87年）

男は、体のどっかで、20才。

タバコを吸うトッぽい仕草とか、石ころを蹴るやんちゃさとか。体のどこかに持っている少年の部分を20歳にたとえ、20周年告知にひっかけたコピー。
C＝眞木　準　CL＝伊勢丹／男の新館20周年（89年）

コートの衿を立てても
気をつけてほしい。
香り、女には見えるものらしい。

古来「きく」ものだった香りを、女は「見る」のだという。何を見るのか。趣味か、知性か、サイフの中身か。
C＝田村義信　CL＝資生堂／タクティクス（82年）

オジサンはクイズである。

なぜオジサンは昔不良だったと言うのか。なぜ病気を自慢するオジサンが多いのか。など、ボディコピーにはオジサンに関する7つの疑問が並ぶ。これに加えてほしい疑問。なぜオジさんはどんどんオバサンになるのか。

C＝岡部正泰　CL＝小学館／ビッグコミック（96年）

空を飛ぶ夢を持っているのが少年。

人は昔、鳥だった。少年が空飛ぶ夢を見るのは本能。風景写真が感動を呼ぶのは、鳥だった頃の野生が残っているからか。
C＝石川　勉　CL＝キヤノン販売（98年）

ランボオ、あんな男、ちょっといない。

通常「あんな」と「男」の間には何か形容詞が入るものだ。あんな誠実な男とか、あんな軽薄な男とか。ランボオの場合、辞書1冊分の形容詞をもってしても足りないだろう。そんな男と飲みたいとボディコピーにあるが、なんと乱暴な。

C＝長沢岳夫　CL＝サントリー／ローヤル（84年）

こんにちは、まっすぐの不良でございます。矢沢永吉

ゆがんだ不良は落ちこぼれ。まっすぐな不良はエリート。ワルの紳士、永ちゃんのCD宣伝コピーでした。
C＝仲畑貴志　CL＝東芝EMI、カムストック、ビーンズ
（90年）

男が、大泣きしたって、いいじゃないか。

男は先に死ぬ。

恋人や夫婦が別れるとき、泣くのはたいてい男だそうです。新しい男らしさって何だろう。ま、いいじゃないか。酒でもやろう。

C＝仲畑貴志　CL＝月桂冠

（97年）

と高らかにうたうこのコピー。ヴィジュアルは、赤ちゃんを連れた野性のジェーンのよう。そうです、女は子供を産むために、遺伝子レベルからたくましい。そして女は、おおいに消費して人生を謳歌する。

C＝糸井重里　CL＝パルコ

（88年）

おじいちゃんにも、セックスを。

80歳のおじいちゃんは40歳の壮年と23歳の青年と17歳の少年からなる。だから、おじいちゃんにもセックスは必須。アグレッシブにエンターテインメントを提供する宝島の企業広告。
C＝前田知巳　CL＝宝島社
（98年）

愛

love

あなたなんか
大好きです。

ボクは、君にバカです。

あなたなんか知らないっ！ とアタマにきても、でもやっぱり好き、と思ってしまう女心。こんな愛の告白をされたら、男はグッとくること間違いなし。
C＝吉田早苗　CL＝西武百貨店／バレンタインデイ（88年）

いったん人を好きになると男の人はおバカさんになって、まっしぐらに暴走します。女の人はお利口さんだから、かけひきなんかできちゃいます。
C＝梅本洋一　CL＝ミロード厚木／クリスマスフェア（86年）

キスがなかったら、
つまんない。

恋人と喧嘩してワンワン泣く女のコも、キスされるとピタリと泣きやんじゃう。キスはカップルの心を、さらには毎日をハッピーにしてくれる魔法なのかも。
C＝竹内基臣　CL＝大宮ステーションビルKISS（89年）

あなたの夏が、
私の夏でありますように。

プールにいったり、花火をしたり。大好きな人と同じ夏の日の思い出を持ってる人って愛し合ってる証拠だよね。
C＝杉山明人　CL＝西武セゾングループ／セゾンカード（86年）

恋が着せ、愛が脱がせる。

愛は無断でやってくる。

恋をすると、おしゃれが楽しくなります。恋が愛にかわったとき、脱ぐのが楽しくなります。恋愛には、楽しみがいっぱい。
C＝眞木　準　CL＝伊勢丹
（89年）

ひと目惚れは、突発事故のようなものです。好きになってしまったら、もう心のブレーキは効きません。
C＝眞木　準　CL＝伊勢丹
（89年）

距離にためされて、
ふたりは強くなる。

新幹線の最終便。夜のホームには、恋人との別れを悲しむシンデレラたちがいました。そして、遠距離恋愛がうまくいくように、シンデレラ・エクスプレスは一生懸命走っていました。
C＝角田 誠、後藤由里子 CL＝東海旅客鉄道／シンデレラ・エクスプレス（92年）

はじめは恋、
あとで愛。

恋は、アバタもエクボ。相手のことはなんでもOK。でも恋が愛に変わったとき、束縛したり、嫉妬したり、いろいろと許せなくなることが増えてきます。
C＝魚住 勉 CL＝パルコ（89年）

さよならしたばかりなのに、
また、君に会いたくなりました。

君がいるから、恋をした。

これぐらい好きになってもらえると本望です。でも、実はこれ、コンビニのコピー。そりゃあ、そうだよね。24時間楽しませてくれるんだもん。
C＝牧野雄一　CL＝ファミリーマート（86年）

なんてロマンチックな愛の告白。女のコは待っているんです。バレンタインデーのお返しにこんな言葉を。
C＝牧野雄一　CL＝ファミリーマート（86年）

少しずつ、結婚しようよ。

故郷が二つになることが、結婚だったんだね。

結婚はスタートなんです。一緒に暮らしながら、お気に入りのものを、少しずつ揃えていけばいいじゃないですか。
C＝中野　秀　CL＝松屋／ブライダルフェア（83年）

帰る田舎があっていいわね、とうらやましがる東京の人も、結婚すれば故郷ができます。そして夏休み、冬休みが、もっともっと楽しくなります。
C＝岡部正泰　CL＝東日本旅客鉄道（88年）

一緒なら、
きっと、
うまく行くさ。

ふたりでいると、ひとりでいるときの何倍もハッピーがやってくる。だから人は人生のパートナーを求めるのです。プロポーズにうってつけの愛の言葉。

C＝仲畑貴志　I＝山城隆一
AD＝副田高行　CL＝西武流通グループ／西武カード（83年）

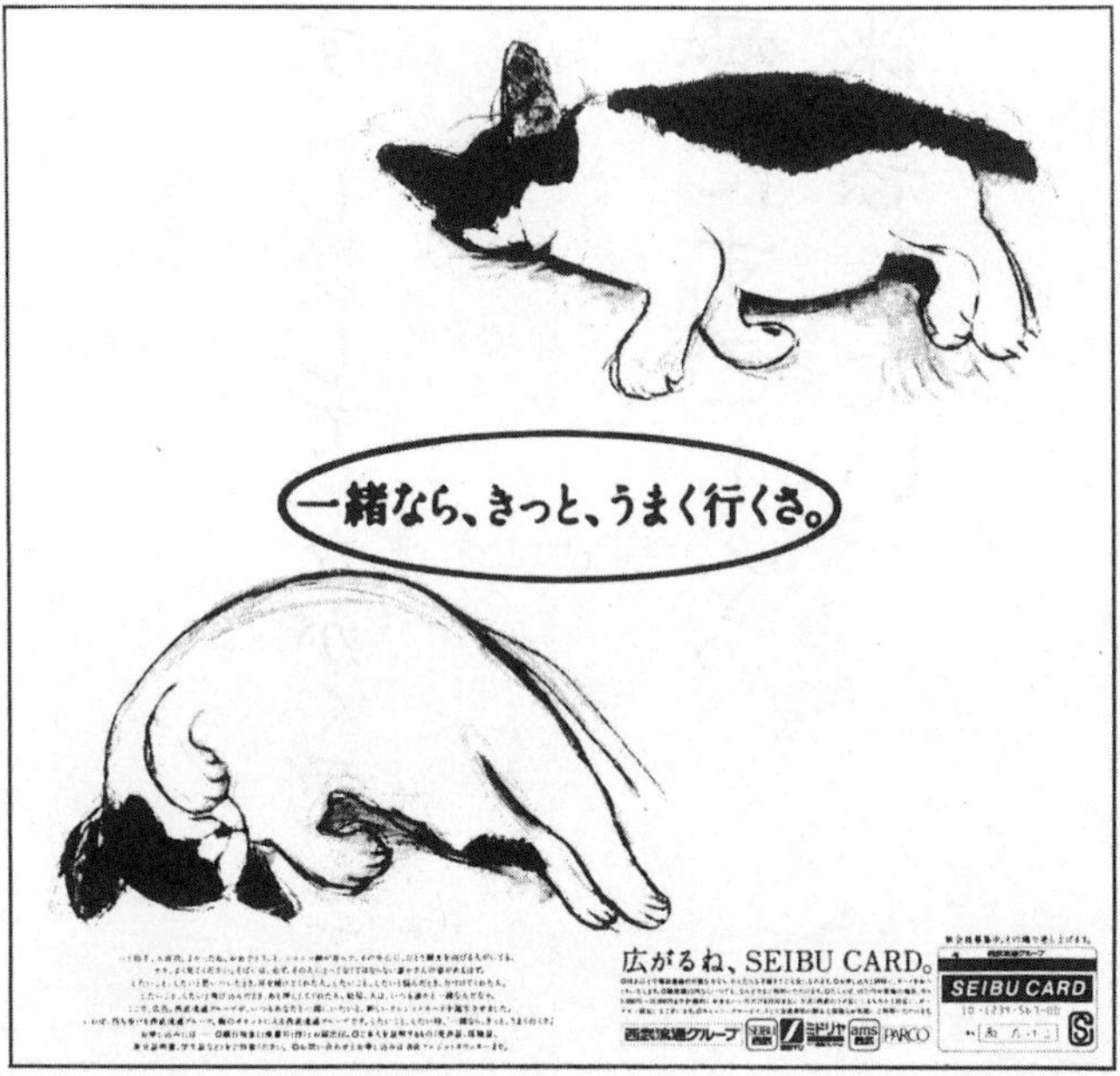
一緒なら、きっと、うまく行くさ。
広がるね、SEIBU CARD。
SEIBU CARD
西武流通グループ
PARCO

すこし愛して、ながく愛して。

愛にすごーく、迷惑したい。

情熱的な愛は、長く続かないようです。愛する人と死ぬまで一緒にいたい人は、愛が燃料切れにならないように、節約しなくっちゃね。

C＝糸井重里　CL＝サントリー／レッド（82年）

ラブレターや贈り物攻め。迷惑するほど愛されることなんて、人生そんなにあるもんじゃない。迷惑どころか、大歓迎ですよね。

C＝斎藤春樹　CL＝西武百貨店／ファーザーズデイ（90年）

頭がカランコロン鳴る夜は、
一杯やって、
あなたに
しがみついていたいなあ。

辛いことがあった時、どんなに強い男の人でも、誰かに甘えたくなるものです。小さい頃、お母さんの胸でスヤスヤと眠ったように、愛する女性にそれを求めたりします。でも、そんな弱さがセクシーです。
C＝仲畑貴志　CL＝サントリー／ホワイト（86年）

あったかい夜を、プリーズ。

きみは僕のホットウイスキーさ

寒い寒い雪の日。美しい人が待ってくれる家は、あったかです。そして、その人と雪見酒でもできれば、もう天国です。叶わぬ夢ですか、お父さん。
C＝糸井重里　CL＝サントリー／レッド（82年）

ホッと安心させて酔わせてあげられる、ホットウイスキーな女性。いまじゃ、めっきり少なくなりました。
C＝安藤　隆　CL＝サントリー／レッド（83年）

寒いから、二人でいよう。

大好きな人と布団にくるまっているだけで、心も体もあったかです。冬になると人肌恋しくなるのは、そのせいでしょうか。
C＝魚住　勉　CL＝サントリー／ウイスキー（82年）

こんなに憎み合うのは、
あんなに愛し合ってたからですか。

愛すると、相手を独占したくなります。自分を理解させようと躍起になります。愛するがゆえに、結局、憎み合うようになる。愛と憎しみは背中合わせです。

C＝仲畑貴志　CL＝パルコ
（90年）

私は、あなたから、すこし、こぼれる。

はっきりいって、彼好みの女になる女なんて魅力ありません。上質の男は、自分らしく生きている人に惹かれるようです。私イコール彼なんて考えは、さっさと捨ててしまいましょう。

C＝濱田　篤　CL＝カゼ・ソフトウェア（96年）

ごめん。もう、本命しか、いらない。

バブル経済期の頃は、物だけでなく恋愛まで手当たり次第手に入れる時代でした。そしてそれが崩壊すると、人びとは本物志向に向きを変えました。もちろん、恋愛も同様です。

C＝一倉 宏　CL＝パルコ
（93年）

愛する人は、
あなたを愛してくれますか。

愛した分だけ、愛されれば、別れなんてやってこないのに。でも、そうはうまくゆきません。だから、恋愛って一生懸命になれるのかもしれません。

C＝糸井重里　CL＝パルコ
（89年）

料理の味は、よくわからなかったけれど、
あの人がいたから、おいしかったのです。

はじめてのデート。緊張で上手にフォークを運ぶのが精一杯。味なんてわかったものじゃありません。みんな、こんな甘酸っぱい思い出を持ってるでしょ。
C=杉山明人　CL=西武セゾングループ／セゾンカード
（86年）

もう会えないと思うけど、
メリークリスマス。

別れるとき、こんな言葉を贈れるくらい、その人を愛せたらいいよね。そして、クリスマスがくるたび、その人を思い出せたらいいよね。
C=杉山明人　CL=西武セゾングループ／セゾンカード
（86年）

男の数だけ愛がある。

言葉で、態度で、物質で。顔が違うように、愛の表現も十人十色。だから昔付き合った彼と比べて、あれこれ言うのはやめましょう。

C＝横道浩明　CL＝日本生命／ニッセイロングラン（92年）

恋は、遠い日の花火ではない。

このコピーが生まれて、恋心が再び芽生えたお父さんはたくさんいるはず。そうです、いくつになっても恋をしましょう。恋愛は元気が湧いてくる素晴らしいエネルギーなんだから。

C＝小野田隆雄　CL＝サントリー／サントリーオールド（95年）

愛だろ、愛っ。

予備校通いの浪人生。就職難の大学生。残業攻めのビジネスマン。みなさん、楽しい人生を送るためには何がいちばん大切か、考えることがあるんでしょうか。C＝佐倉康彦　CL＝サントリー／ザ・カクテルバー（95年）

君のおかげで
着たり、
脱いだり、
やめられない。

男にパンツのおしゃれの楽しさを教えてくれるのは彼女です。パンツの趣味が悪い男は、恋愛歴が浅い証拠です。あしからず。
C=児島令子　CL=内外衣料製品／アンダーウェア（90年）

今日しかないと思えば、
言えるかなぁ
「あなたが好きです。」

とドキドキしている女のコたち。頑張れ、バレンタイン・デーはそのためにあるんだぞ。チョコレート・デーじゃないんだぞ。
C=山本尚子　CL=クレディセゾン/セゾンカードインターナショナル（90年）

私のジングルベルを
鳴らすのは、
帰って来るあなたです。

大好きな人が帰ってくる。それがいちばんのクリスマスプレゼント。遠距離恋愛の女のコたちはけなげです。
C=平野由里子　CL=東海旅客鉄道（90年）

好きだから、あげる。

好きな人にプレゼントするときって、すごくドキドキしますよね。それは物を贈るんじゃなくて、好きだという気持ちを贈るからなんですね。きっと。
C＝仲畑貴志　CL＝丸井／ギフト（81年）

キミが好きだと言うかわりに、
シャッターを押した。

男の人って、彼女を前にカメラを手にすると、しつこいくらい何度も何度もシャッターを押したがる。それって、愛の表現だったんですね。
C＝福田恭夫　CL＝オリンパス商事（80年）

私は、あなたの、おかげです。

あなたがセンスよくなったのも。冗談を言って元気に過ごしてられるのも。みんなみんな誰かのおかげです。感謝を込めて、今度は誰かのおかげになってあげましょう。

C＝仲畑貴志　CL＝岩田屋

（86年）

ダイエットには、甘い恋を。

昨日までモリモリ食べていた人が、誰かを好きになった途端、食欲をなくしてしまう。恋の威力はすごいのです。だから、ムリなく痩せるには恋愛がいちばんなのです。

C＝眞木　準　CL＝伊勢丹

（89年）

恋を何年、休んでますか。

恋人ができないんじゃありません。恋を休んでいるんです。あせらず、気負わず、ゆっくりと。恋の訪れを待ちましょう。
C＝眞木 準 CL＝伊勢丹
（89年）

恋は、なんだか力仕事です。

好きな人のためには、おしゃれや美容に精をださなくちゃ。仕事も早く片付けなくちゃ。笑顔でいられる元気がなくちゃ。恋をするのも楽じゃありません。
C＝矢谷健一 CL＝味の素
（88年）

指輪はときどき首輪になる。

恋愛ばかりじゃ、不安です。

確かに、薬指に指輪があるのとないのじゃ、男のモテ具合は違います。ある意味、男の指輪は、フラフラ浮気できないための、目に見えない首輪といえるかも。
C＝田中康嗣　CL＝サントリー／リザーブ（89年）

恋愛しか夢中になるものがない人って、ちょっと淋しい。それが男だったら、かなり恐い。恋人にだって、仕事や仲間など、あなた以外のいろんな世界があります。束縛するのはいけません。
C＝小霜和也　CL＝蘭華社／夕刊紙『東京レディコング』（91年）

パジャマになって
話したくなる人が、
好きな人です。　きっと。

眠る前に、声が聞きたい。じゃなきゃ、グッスリ眠れない。そんな恋人たちのために生まれた電話料金割引サービス、パジャマコール。日本は、いい国です。C＝鈴木武人　CL＝NTT／パジャマコール（91年）

仲良くしていれば、ケンカにならない。

すごく当たり前のことだけれど、このコピーは、言い得て妙です。常に念頭において、家族、会社、電車の中など、すべての人間関係を円満にしたいものです。C＝仲畑貴志　CL＝住友林業ホーム／人材募集（86年）

カンビールの空カンと破れた恋は、
お近くの屑かごへ。

失恋したら、いつまでもクヨクヨしてないで、ビールをかっくらってバカヤローと叫んだりして寝るのがいちばん。これが悲しみを忘れるためのシンプルな方法。

C＝眞木　準　CL＝サントリー／ビール（82年）

5年前は、
だれを好きだったんだろう。

1年前ならまだしも、5年前に好きだった人は、さすがに思い出せない。恋愛において、5年はひと昔。さて、これはオープン6周年、ひとつの歴史を持つファッションビルのコピーです。
C＝魚住 勉　CL＝東急109－②（93年）

恋さえあれば、
愛などいらない。

恋は消える。愛は続く。恋はカジュアル。愛はヘビー。女のコにとっては、洋服を着替えるようにお手軽な恋がいいのかもね。
C＝眞木 準　CL＝三陽商会／バーバリー・ブルーレーベル（97年）

ぼくが、
一生の間に会える、
ひとにぎりの人の中に、
あなたがいました。

現世の縁は、前世の縁。運命で決まっていた人との、めぐり会い。そう思うと、近しい人には、優しくしたい。できればお歳暮なんかで感謝もしたい。
C＝岩崎俊一　CL＝サントリー／ローヤル・お歳暮（86年）

あなたは私の異国です。

仕事、仲間、趣味、価値観。愛する人は、自分とは違う世界を持っている。そのスタンスが愛の秘訣。世界を共有しようとすると、嫉妬や束縛、干渉が。
C＝岩崎俊一　CL＝パルコ
（88年）

帰ってくるあなたが、
最高のプレゼント。

何だかんだ言っても、男って甘い言葉に弱いのよね。JRのこのコピーを見て、ほいほいと帰って行った人、かなりいたはず。
C＝安藤温子　CL＝東海旅客鉄道／ホームタウン・エクスプレス（89年）

プライバシーを交換してね。

文通。交換日記。メール交換。とうとう、ビデオ通話できる世の中に。秘めやかなプライバシーは、どんどん脱がされている。C＝赤石正人、道面宜久　CL＝ISAO（01年）

好きなものをくれた人はしばらくは好きです。

「しばらくは好きですが、その後、質屋さんに売っちゃいます。ヴィトンもブルガリも。今までそうしてきました」ハメる女が悪いのか、ハマる男が悪いのか。C＝岡田　賢　CL＝岩田屋／ホワイトデー（96年）

わたしはあなたを予約したい。

レストランの予約。バーの予約。ホテルの予約。さらにあの人を予約。予約した後の待ち遠しいウズウズ感はたまりません。
C＝糸井重里　CL＝西武百貨店／西武のバカンス（87年）

きょ年の服では、恋もできない。

勝負服、愛され服。おしゃれというエサで愛を釣る女たち。そして、悲しいかな、服の命の短さよ。きのうの服じゃ、恋もできない。とならないか心配だ。

C＝眞木 準 P＝Patrick Demarchelier AD＝戸田正寿

CL＝三陽商会／バーバリー・ブルーレーベル（97年）

きょ年の服では、恋もできない。
踊れるバーバリー
Burberry
BLUE LABE

彼女がほしい？
その鼻毛で？

毛がジャングルの方。頭がスダレの方。肌が暴れん坊大将の方。この世に女性がいるかぎり、殿方たちの悩みは深刻なのだ。市場には、いろんなコンプレックス商品があふれている。

C＝芳谷兼昌　CL＝松下電工／鼻毛カッター（97年）

おしゃれに
お金をかけはじめると、
この恋は本気かナ・・
って、思います。

靴。バッグ。セーター。あ、忘れちゃいけないブラとパンツ…。恋する女性の散財にも、セゾンカードがついています。
C＝山本尚子　CL＝西武セゾングループ／セゾンカード
（89年）

恋人がいないので映画でも見に行くと、
恋人がいる人たちでいっぱいでした。

カフェも、映画も。気になる所は恋人たちだらけ。恋人のいない人は、居場所がなくて、トレンドからどんどん遠ざかりそう。
C＝門田　陽　CL＝東宝／天神東宝オープン（97年）

大好きというのは、
差別かもしれない。

そのままが好き
と言われて、不安。

星の数ほどバッグがあるのに、おしゃれな女性たちからエコひいきされている「イザック」の宣伝コピーでした。
C＝佐倉康彦　CL＝イザック
（94年）

肩ひじ張って生きているのに、そのままが好きと言われたら、ちょっとツライ。生き方も服も自然体がいちばん。なごむ服を提案する岩田屋のコピーです。
C＝仲畑貴志　CL＝岩田屋
（91年）

ゆっくり恋をしよう

使い捨てライターみたいに恋愛をする女のコ。恋は生き物。ゆっくり育てていけば、おいしくなります。そう、中国4千年の烏龍茶のようにね。

C＝安藤 隆 CL＝サントリー／烏龍茶（94年）

死ぬほど好きという脅迫。

ふたりじゃ読めない本もある。

死ぬほど好きは、死をほのめかした脅迫。いつでも見つめています、はストーカー宣言。愛のメッセージはひとつ間違えば、犯罪になる。気をつけよう。
C＝仲畑貴志　CL＝岩田屋（91年）

読書は、活字の海を泳ぐ旅。めちゃ好きな人でも、旅の邪魔は許さない。恋人とふたりで読むのなら、やっぱ、ブライダル雑誌でしょ。
C＝糸井重里　CL＝新潮社／新潮文庫・私の時間（85年）

会いたくない夜だって、
あるし。
会ったら言えない、
こともある。

電話だと言い過ぎる、こともある。という意見もある。どちらにしても、電話は喋るようにできている。言葉は、暴走するからね。

C＝山田和彦　CL＝NTT／トークの日（89年）

白しか着ない夫のまじめを、にくめない。

女房はスルメだ。

白いソックス、白いハンカチ。白は、まじめの象徴。ましてや、下着が白なら、文字通り色気づいていない証拠といえる。
C＝児島令子　CL＝内外衣料製品／SILVER OX（88年）

スルメは噛むほどに、味が出る。妻も然りとうたうのは、男気のコミック『土佐の一本釣り』の宣伝コピー。だが、しかし。噛み過ぎると味はなくなるが。
C＝梅本洋一　CL＝小学館／ビッグコミック（84年）

キミが、
いないと、
みんな、
さみしがるよ。

あなたが会いたい人も、
きっと、あなたに会いたい。

存在するヨロコビを教えてくれる名ゼリフ。送別会でよく耳にするけれど、ひと月もすれば、いたことさえ忘れられている。嗚呼、無情。
C＝仲畑貴志　CL＝パルコ
（92年）

そう思うと、疎遠にばかりしてられない。電話をかけるのもよし。手紙を書くのもよし。心が触れ合うと、人は幸せを感じる。
C＝角田　誠、後藤由里子
CL＝東海旅客鉄道（92年）

彼とは別れました。
彼がくれたものとは、
まだ別れられません。

付き合っていた男からの贈り物を供養するお寺があるらしい。愛は切れても、モノとは切れない。女の煩悩のすさまじさ。これは、捨てられないほど素敵なモノが揃う、雑貨店のコピー。C＝國光益民　CL＝LAZY SUSAN（01年）

いえなかった言葉たちは、
どうしていますか。

男と女の間にある深い河。その上をぷかぷか浮かぶのは、渡りきれない互いの本音か。深い河を埋めるのは、素直な言葉だったりする。C＝一倉　宏　CL＝NTT（98年）

失恋は、何度やってもやめられない。

ゲームにアクシデントがないと面白くないように、恋も順調過ぎるとつまんない。楽しいことに欲ばりな女のコが着る服、「ブルーレーベル」のコピーでした。
C＝眞木　準　CL＝三陽商会／バーバリー・ブルーレーベル
（98年）

仕事 work

一枚のTシャツを買うよりも
一枚のTシャツを売ることの
おもしろさを知った。

商品を勧め、お金を受け取り、おつりを渡す。初めてのバイトで、大人になったような感動を覚えたはず。働くことは面白いこと。初心を忘れるべからず。
C＝岡部正泰、小林秀雄　CL＝学生援護会／デイリー・アン
（92年）

アルバイトで疲れるのは、
テニスで疲れるのと
同じくらい
いいものと知った。

お金を稼ぎながら仕事を終えた後の達成感も得られる。いい汗かけるアルバイトは心と財布を豊かにしてくれるスポーツです。
C=岡部正泰、小林秀雄　CL=学生援護会／デイリー・アン
（92年）

働いてる
お父さんより、
遊んでいる
お父さんのほうが、
好きですか。

男には、ふたつの顔がある。遊んでいるときの顔からは想像もできないほど厳しい、仕事中の表情。このギャップが実は男の魅力なのです。

C＝仲畑貴志　P＝坂田栄一郎
AD＝井上嗣也　CL＝サントリー／サントリーオールド（85年）

働いてるお父さんより、遊んでいるお父さんのほうが、好きですか。
サントリーオールドを飲むと、

私、会社なんて
酔わなきゃ行けません。

今日は何回、プッツンしましたか。

会社が楽しくて楽しくてたまらない、なんて人がいたらお目にかかりたいもの。誰も、大なり小なり、このコピーに共感するのでは。せめて、仕事帰りにお酒を飲んで発散発散！
C＝田中康嗣　CL＝サントリー／リザーブ（89年）

世の中には馬鹿タレが多い。でも、頭にくることがいっぱいあっても、表に出さずに心の中でバカヤローとキレるのが大人なのです。
C＝眞木　準　CL＝大塚製薬／シーマックス1000（91年）

右のポケットに夢、
左のポケットに辞表。

いつでもこんな気持ちを胸に隠し持って、真剣勝負したいもの。いずれにしても、会社のために夢を犠牲にだけはしたくないと思うのです。
C＝田口まこ　CL＝大塚ベバレジ／ジャワティストレート（90年）

「何かやりたい」と
「何かやる」は
ぜんぜん、ちがう。

「何かやりたい」って口で言うのはカンタン。でも、具体的に自分を動かす人って、案外少ないですよね。行動なくして物事は始まりませんよ。
C＝阿部祐樹　CL＝三和銀行／積立貯金（92年）

サラリーマンという仕事はありません。

「お仕事は？」と聞かれたら、自分の仕事にプライドを持って、ちゃんと職種で答えましょうね。
C＝糸井重里　CL＝西武セゾングループ（88年）

出世するより、成功するほうが、偉い。

出世とは組織の中で昇格すること。成功とは、自分の実力のみで大成すること。後者の苦労や努力は並み大抵ではない、これが偉いと言われる所以です。
C＝前田知巳　CL＝リクルート／ガテン（92年）

偉い人は、おもしろい人でもある。

実は、そういうおもしろい人たちは自分を偉いなんて思っていなかったりもするのです。
C＝松原紀子　CL＝講談社／少年少女伝記文学館（88年）

男に生まれて、
ヤリガイ満々。
女に生まれて、
ヤリガイ満々。

男気を発揮できる仕事。女の眼が一役買う仕事。男女を問わず、誰だって「やっててよかった」とココロから満足できるような仕事に、きっと出会えるはずです。
C＝岡部正泰　CL＝リクルート／週刊就職情報（86年）

プロの男女は、差別されない。

その代わりに、女だからと甘えもききません。一見カッコよさそうなプロの女性。でも、実はトイレの中でこっそり悔し涙を流す人も少なくないのです。
C＝中村 禎 CL＝リクルート／とらばーゆ（87年）

流した汗は、むくわれる。

天才の方々だって、成功の鍵は「汗」だと言っています。ヘンにあきらめてる人なんかより、汗にまみれた人のほうが、ずっとカッコいいよね。
C＝石川 勉 CL＝大塚製薬／ポカリスエット（92年）

仕事をするなら、
遊びなされや。

発想も工夫もすべては遊びから。この言葉の意味がわからない人も、そう信じて遊びに出かけよう。ちなみにこのイメージキャラクターは男の美学をうたった開高健。

C＝佐々木克彦　P＝操上和美
AD＝小西啓介　CL＝サントリー／サントリーオールド（81年）

仕事をする
なら、遊び
なされや。
サントリーオールド

天才はしばしば変な奴だ。安心しろ。

ああ、自分がモッタイナイ。

天才かどうかは別としても、ちょっと救われる気がする人もいるんじゃないでしょうか。このコピーで。
C＝田中康嗣　CL＝東京ガス銀座ポケットパーク／卒業設計制作大賞作品募集（88年）

ミセスの方々の中には、こんな方、結構いるんじゃないでしょうか。自分の才能に自信を持って世にはばたくのはいかが。
C＝中村　禎　CL＝リクルート／とらばーゆ（85年）

平日ゴルフに行く課長は、
平日スキーに文句いえない。

気が弱くて有給休暇を取るのもままならない方。このコピーを励みに堂々と休んで遊びましょ。
C＝岡部正泰、青木智子　CL＝東日本旅客鉄道／ムチュウデスキー（92年）

どうせ会社で叱られるなら、
平日スキーで叱られたい。

のべつまくなし文句や説教をたれる上司がいる。会社では何をしても叱られるのだったら、趣味の世界で叱られるほうが、プラスがあるだけずっとまし。
C＝岡部正泰、青木智子　CL＝東日本旅客鉄道／シュプール号（92年）

彼よりも課長の顔を
見ている時間が長いのは
不自然だ。と気づいた
京都のお庭でした。

人は何のために働いているのか。
仕事のためか。自分の生活のた
めか。つい忘れがちな基本的な
ことを改めて考えさせてくれる
のが旅のいいところです。
C=岡部正泰、小林秀雄 CL
=東海旅客鉄道(92年)

楽しい仕事は、ラクじゃない。

ラクじゃなくても、「楽しい」と言える人たちは、その仕事を好きでやってる人たちなのです。
C＝中村　禎　CL＝リクルート／とらばーゆ（85年）

忙しさも、男女平等だよ。

やりがいのある仕事をする男の人を羨ましく思う女性の皆さん。家庭を犠牲にする覚悟はありますか。女だからと弱音を吐けない。これが実力社会です。
C＝中村　禎　CL＝リクルート／とらばーゆ（85年）

働いているだけでは、
プロにはなれない。

私の場合、仕事は娯楽です。
ちょっと大変ですが。

プロは一朝一夕では誕生しません。自分に厳しく、日々是努力。そうして、精進しながら、プロになっていくのです。
C＝中村　禎　CL＝リクルート／とらばーゆ（87年）

できれば、仕事もゲーム感覚で楽しくこなしたい。敵に邪魔されながらも、作戦をひねりだし、強力な武器を手に入れて…。
C＝中村　禎　CL＝リクルート／とらばーゆ（87年）

遊んでいるのではない。
給料に合わせて
働いているのだ。

給料はその人の能力に対する評価です。評価以上に一生懸命働くのは、ただ働きのようで頑張るのがバカらしくなります。会社の幹部の皆さん、給料の査定でケチると、逆に会社にとって不利だと思いますけど。
C＝田中康嗣　CL＝サントリー／リザーブ（89年）

カワイイだけじゃだめなのよ。
ちゃんと仕事もしないとね。

はっきりいって、お仕事そっちのけで会社のトイレでお化粧直しに専念してる女のコを相手にする男の人もお仕事が嫌いです。
C＝仲畑貴志　CL＝岩田屋（94年）

役員は、いずれ去る。

怒られても、目をつけられても気にしない、気にしない。世代交替は、政治だけの現象ではありません。

C＝関口真理子　CL＝エスシーアパレル／求人広告（93年）

アホに頭を下げていませんか。

アホだけど上司。そんな会社にいて卑屈になるのは、もっとアホ。サッサと見きりをつけて、転職するのが賢い人。
C＝中道康彰　CL＝ローヴァ／求人広告（97年）

ネクタイ労働は甘くない。

慣れないネクタイを結んで、会社訪問。学生にとって就職活動は、ニクタイならぬネクタイ労働なのだ。これは、リクルートスーツ・フェアのコピーです。

C＝眞木 準　CL＝伊勢丹／会社訪問着フェア（82年）

飲み会で仕事の話をやめた。
すると話題がなくなった。

楽しいとこには、楽しい人が集まっています。つまらない場所は、つまらない人のふきだまり。会社で孤立するのは、会社選びに問題があります。
C=梅沢俊敬　CL=リクルート人材センター（98年）

仕事を理由にケンカするのはよそう。
なんか、とんでもないことを
云ってしまいそうだから。

そこのアナタ。仕事にかまけて、遊びがおろそかになっていませんか。人間、何のために働いているのか、忘れちゃいけません。
C=安藤温子　CL=第一勧業銀行（94年）

ウィンドウに映った
自分の顔が
サラリーマンになっていた。
いかん、いかん。
つぎの休みは遠くへ行くぞ。

サラリーマンの顔は、お金を稼ぐための仮面。会社を一歩出ると、飲む、打つ、買う、とハメをはずす人も、かなりいらっしゃるようで。

C＝安藤温子　CL＝第一勧業銀行（94年）

入りたい会社、あります。
やりたい仕事、ありません。

一流ブランドの洋服は、お金さえあれば手に入る。でも一流企業への就職はやる気がなければ、はい、それまでよ。学生よ、会社はファッションじゃないんだぞ。
C＝鈴木　勝　CL＝リクルート／就職ジャーナル（97年）

やりたいことも
やらされることも、
仕事と呼びます。

嫌な仕事をやらされても逆らえない正社員。やりたい仕事を選べる派遣スタッフ。安定というお守りと、自由に飛べる翼。持つべきものは、さて、どちらか。
C＝佐倉康彦　CL＝テンプスタッフ（98年）

遊ばなきゃ、
働いていられない。

日本国憲法によると、勤労は国民の義務となっております。働く義務同様に、遊ぶ権利もあるわけで。夏休みに日焼けしても、誰にも文句言わせません。

C＝芳谷兼昌　P＝武内俊明
AD＝副田高行　CL＝九州旅客鉄道／駅長おすすめの夏
（96年）

仕事 work

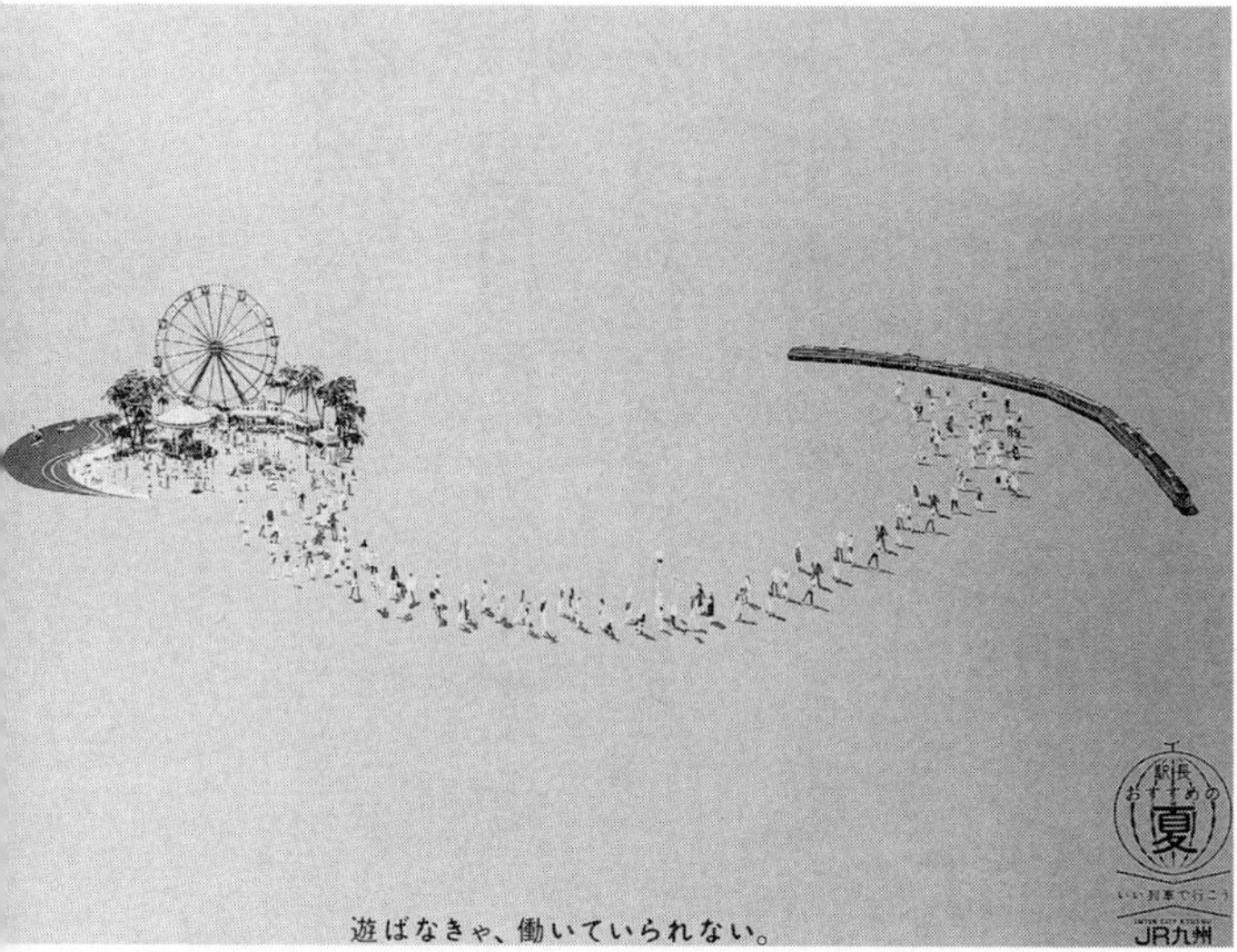

突然ですが、
仕事はおカネです。
そうわりきると、
とてもはりきる私は、
かなりゲンキンです。

お給料は、お仕事の通信簿。可能性を引き出して、正しく評価してくれる学校、いや、会社はどれほどあるのだろう。
C＝中村 禎 CL＝リクルート／とらばーゆ（86年）

夜、学校へ行きたいので、
5時半カッキリで終わる仕事、
ひとつ、ください。

「夜、銀座で働きたいので、5時半カッキリで終わる仕事、ひとつ、ください」こんなちゃっかり娘をも、とらばーゆは応援します。
C＝中村 禎 CL＝リクルート／とらばーゆ（86年）

転職しなくても
とらばーゆは
読むべきだ、と思う。

もう10歳若ければ、美貌を生かした仕事に就けたのにぃ。と、歯ぎしりするおツボネ様。そうならないためにも、仕事事情を常に把握しておこう。
C＝荒川知子 CL＝リクルート／とらばーゆ（97年）

相談役が、
相談されているところを
見たことがない。

ゴメン、課長より、いい椅子で。

そして、取締役が取締っているのは、自分の座をゆるがす辣腕社員か。無能な重役の無意味な肩書き、おちょくらずにはいられない。
C＝大塚 昇　CL＝ジャパン・フラワー・ネットワーク（00年）

肩書きが立派でも、セコい暮しに満足している奴なんて、たかが知れている。地位や名誉よりも豊かに生きる矜持が大切。会社の椅子ではなく自宅の椅子にこそ、こだわるべし。
C＝仲畑貴志　CL＝マルニ木工（82年）

大企業だってはじめは小さかったじゃないか。

優秀な人材が大企業ばかりに流れていたら、ホンダもソニーも存在しなかっただろう。実績よりも可能性にかける博打打ちにこそ、勝利の美酒が待っている。
C＝大上法於　CL＝学生援護会／日刊アルバイトニュース・新卒者&正社員特集（83年）

給料は35歳で差がひらく。
生きてきた時間は同じでも。

子供のとき
なりたかったものに、
なる人は少ない。

25歳はお肌の曲がり角。じゃあ、35歳は人生の別れ道か。確かに給料も、結婚も、健康もこの辺で差が生じる。
C＝梅沢俊敬　CL＝リクルート人材センター（98年）

しかも、子供のとき何になりたかったかをちゃんと覚えている人すら少ない。ちゃんと覚えてる人は、おおむねその夢に近い仕事についている。
C＝名雪祐平　CL＝リクルート／第5回求人広告引力展（97年）

生まれる国は選べない。働く国は、選んでやる。

グローバリズムが進みに進み、そのうち「ちょっくら面接でロンドンへ」なんていう若者が増えることを期待したい。
C＝倉橋洋樹　CL＝日本英語検定協会（00年）

プロか。大学か。

大学は学歴というパスポートを手に入れるところ。専門学校はプロの技術を身につけるところ。簡単に発行されるパスポートには、もはや価値はない。
C＝吉永　淳　CL＝朝日コンピュータースクール（94年）

職人は〝人〟です。
会社員の〝員〟て何ですか。

仕事を聞かれて、
会社名で答えるような奴には、
負けない。

会社員。公務員。銀行員。員のつく人は、組織なくして生きていけない。そこへいくと、自分の腕1本で生きていく職人は強いよなあ。
C＝奥田英輝　CL＝リクルート／ガテン（98年）

よくいるのよ、会社名を誇らしげに連発する奴。そういう奴に限って、得てして仕事がぜんぜんできなかったりするのよね。うわべじゃなくって中身が大切、ってことを諭してくれるコピーだわね。これ。
C＝紫垣樹郎　CL＝リクルート／ガテン（98年）

「あいつは
サラリーマンだからさ」
そう言うあなたも
サラリーマン。

サラリーマンの安定をバカにしながらも、サラリーマンでないと不安。そんな矛盾に気づいたときは、せめて転職というカタチで冒険したいよね。
C＝梅沢俊敬 CL＝リクルート人材センター（97年）

働けば働くほどビールは、うまくなる。

オヤジ度100％の居酒屋。あんも繁盛しているのは、仕事の達成感をビールでしみじみ味わう輩が絶えないせいでしょうか。
C＝眞木　準　CL＝サントリー／バドワイザー（87年）

昼間だと話さないことも
夜勤のときは話してしまう。
みんないい奴に見えてくる。

じゃあ、医者も刑事も夜勤のときは、いい奴に見えるか、といえば、そうでもない。ようは、職場の雰囲気次第。これは、健全な3交替制をうたう工場の求人広告。
C＝奥田英輝　CL＝見山製紙工業／求人広告（97年）

がんばって働いている手は、けっこう汚い。

アカギレ、ささくれ。黒い爪。働く人の頑張りは、手が物語る。コンピュータを汚れた手にたとえたヒューマンなコピー・アプローチ。

C＝後藤彰久、川名宏昌、並河進 CL＝コマツ／パネルコンピュータ（98年）

労働は、イヤでおじゃる。

などと、平安貴族のようにのほほんと暮せたら、どんなに幸せか。働かざるもの食うべからずの庶民には、ティーブレイクが、せめてもの優雅な時間。

C＝藤田芳康　CL＝サントリー／のほほん茶（98年）

会社は、若いうちにやめよう。

クスリも、博打も、不幸な結婚も。人生の落とし穴から這い上がるには、相当の体力がいる。

C＝眞木　準　CL＝伊藤忠テクノサイエンス／CTC最先端IT動向セミナー参加募集（00年）

あなたが
いま辞めたい会社は、
あなたが
入りたかった会社です。

あなたが今、離婚したい人は、あなたが結婚したかった人です。結婚も会社も、理想と現実は違うのだ。

C＝梅沢俊敬　CL＝リクルート人材センター（98年）

人間

human

シンプルは、
人間の創造力を奪う。

クロノグラフの精密な仕掛けは、知の結集による創造物だ。針の動きを眺めるほどに、創造力がかきたてられて、時の流れを忘れてしまう。男が憧れる時計、ブライトリングのコピー。

C＝広瀬正明、加藤麻司　CL＝ブライトリング・ジャパンセールス（97年）

ヒトとヒトが、
触れ合って、
泣いている。

あなたの人間は、大丈夫ですか。

人間同士、争ってる場合ではない。と連動ポスターのコピーが続く。エイズこそ、人間が戦うべき敵なのだ。
C＝仲畑貴志　CL＝東京アートディレクターズクラブ（93年）

ワタシはワタシである前に、人間である。ワタシらしくある前に、人間らしくあるべきだ。せめて人並みにきちんと遊ぶべきだ。カードを使ってでも。うん。
C＝仲畑貴志　CL＝クレディセゾン／セゾンカード（90年）

まっすぐの人間だから、よくぶつかる。

学校で先生とぶつかり、社会に出りゃ会社の上司とぶつかり、電車の列に並ばない奴とぶつかり。自分に正直なぶんだけ敵も多いよね。
C＝仲畑貴志　CL＝西武百貨店（88年）

大変なことが多い人。略して、大人という。

ローンの返済。親の介護。体脂肪との格闘。大人の特典といえば、重荷だけ。生命保険は、重荷を背負った大人の、ころばぬ先の杖。
C＝佐藤康生　CL＝安田生命保険（97年）

いろいろ奪うと、大人ができる。

子供のころの自分と比べると、いろいろ無くしたものがある。中でも最も大きなものは、無邪気さかな。音楽って、その無邪気さみたいなものかもしれない。
C＝前田知巳　CL＝東芝EMI／復活!!　ザ・タイマーズ（96年）

子どもの心配はするのに、自分の心配をする大人は少ない。心配だ。

子供の将来のためにハーハー苦労している大人たち。でも子供の将来はあてにはできない。子供に残さず、自分で使う。そんな保険のキャッチ・コピー。
C＝岩崎俊一　CL＝セゾン生命保険／ユーフレックス（95年）

今どきの子供は、
今どきの親から生まれました。

親の背を見て、子は育つ。終身雇用が消えた今どきの親。今どきの子供のフリーター化はますます進む。教育問題は、夢をなくした親から見直すべきか。
C＝河野雅樹　CL＝セカンドライン／生徒募集（97年）

真面目な人ほど、
あぶないなんて、不公平。

胃潰瘍、心臓病、自律神経失調症。すべてはストレスの影響大。「バカは風邪ひかない」と昔の人は言った。今なら、「不真面目、成人病知らず」か。
C＝児島令子　CL＝小野薬品工業（97年）

てめえの国も知らないで、
なにがグローバリズムだ。

バカラよりも柿右衛門。シェークスピアよりも夏目漱石。フレンチよりも懐石料理。日本の文化を知らずして、世界の文化は語れない。
C=大島征夫、福岡英典　CL=サントリー美術館（01年）

ひとりひとり
違う人間を
同じモノサシで計るのは
おかしいと思うな。

平均寿命とか、平均収入とか、平均体重とか。平均通りの人間なんて、規格品の機械同然。さらば、平均点。と続くこのコピーは、個人の持ち味を尊重する大学からのメッセージ。
C=日暮真三　CL=信州大学（85年）

80歳が、86歳を介護している。

杖と杖が支え合って、人。うまい表現だな、とニコニコするアナタはノー天気。深刻な老人介護問題は、アナタにもふりかかる。そしてアナタには、支える片方の杖もないかも。

C＝久米章一　P＝羽金和恭
AD＝谷一和志　CL＝東芝／在宅ケア支援システム（98年）

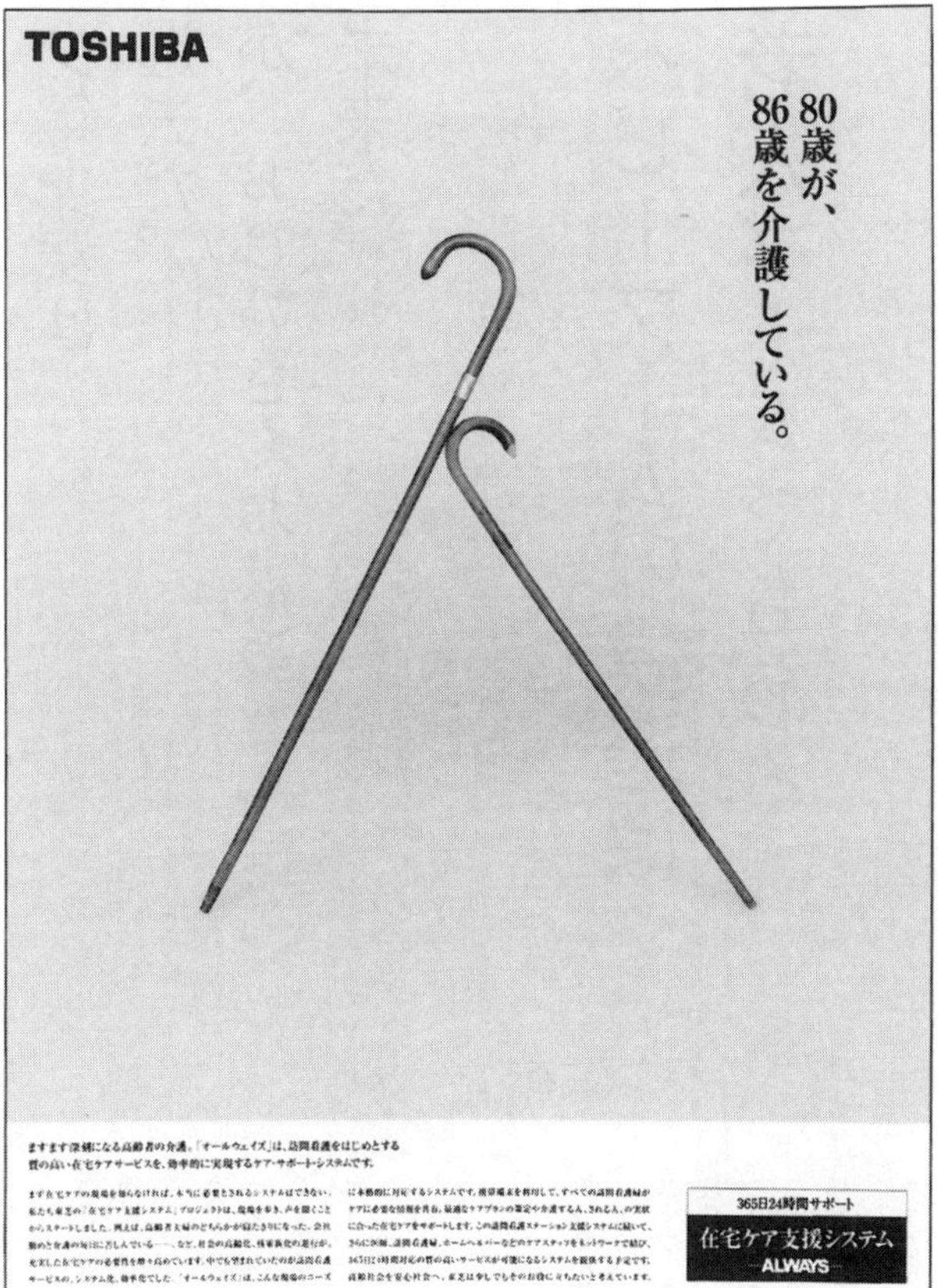
TOSHIBA
80歳が、
86歳を介護している。
ますます深刻になる高齢者の介護。「オールウェイズ」は、訪問看護をはじめとする
質の高い在宅ケアサービスを、効率的に実現するケア・サポート・システムです。
365日24時間サポート
在宅ケア支援システム
ALWAYS

少年少女は、
過去だ。
が、おじいさんおばあさんは、
未来だ。

ベビーブームの僕達は
老人ブームでもある

過去、現在、未来。それぞれの時代に、その時代のわたしがいる。テレビは、その時代を今にうつすメディアなのです。フジテレビの広告です。
C＝佐々木 宏　CL＝フジテレビジョン（92年）

スシ詰め教室、受験戦争、サラリーマンになれば出世競争、リストラ。すべてベビーブームの団塊世代。老後は、老人ホームブームに巻き込まれてしまう。
C＝根岸礼子　CL＝生命保険協会（86年）

疲れている人は、いい人だ。

いい人は、気配りの人です。いい人は仕事に真面目です。だから、疲れは、いい人度数を計るバロメーターかもしれません。どんどん疲れがたまっていく、いい人＝日本を支えるサラリーマンたちへの応援のコピーです。
C＝岡部正泰　CL＝武田薬品工業／アリナミンA（92年）

おとなから幸せになろう。

子供は大人を見て育つ。子供の幸せを祈るのなら、まずお父さんやお母さんから幸せな生活のお手本を見せてあげてください。
C＝岩崎俊一　CL＝長谷工コーポレーション／ブライトンホテル（92年）

そろそろ
愉快な人になろう、と思う。

つくりながら、
つくろいながら、
くつろいでいる。

お父さん、堅いキャラクターも、それはそれでいいけど、そろそろオチャメな人になってもいいんじゃないの？ 年を取ると、頑固よりも、愉快になってく方が人生楽しそうだけどな。
C＝岡田囿孝　CL＝西武百貨店／ラコステ（88年）

TCC新人賞受賞作品、書いた人はコピーライター、（作家になる前の）林真理子。浜田山駅前にオープンした日曜大工館の広告です。つく、つく、くつ、と似た音を3つ続けて印象づけた、技巧作品です。
C＝林　真理子　CL＝西友ストアー／日曜大工館（81年）

負けても楽しそうな人には、
ずっと勝てない。

賭け事に負け、終電後のタクシー争奪戦に負け、出世競争にも負けてそれでも楽しそうな人。どこかネジが一本抜けているのではと思いたくなるほど、おおらかな人には、やっぱ負けた！
C＝岩崎俊一　CL＝セゾン生命保険（95年）

自分の欠点を人と一緒に笑えるのは、
その人の長所です。

自分の欠点を人と一緒に笑うのは、コンプレックス攻撃に対しての最大の防御である。さらに、それを長所とする人は、頭の良い人なのであります。
C＝岩崎俊一　CL＝セゾン生命保険（95年）

ひとは
みんなで
おもしろい

友と家族ぐるみの交際は楽しい。大勢いると、さらに楽しい。リーズナブルなお酒で気軽にコミュニケーション、という広告。
C＝安藤 隆　CL＝サントリー／レッド（83年）

見栄をはると
肩がこる。

見栄とは、真実の姿を見破られまいと力むことである。だから、とっても肩がこる。見栄をはったら、ピップエレキバンをはることもお忘れなく。
C＝岡部正泰　CL＝ピップフジモト／ピップエレキバン（85年）

うまくしゃべるほど、ウソになってしまうなあ。

饒舌なひとのハナシは、うまくいいくるめられるみたいで、どこか信じられない。寡黙なひとのハナシは、説明が少ない分だけ脚色無しの真実に聞こえるのかもしれません。

C＝仲畑貴志　CL＝パルコ（87年）

伝えあうのはキモチがいい。

納得し合う、理解し合う、共感し合う。伝えあうのは気持ちがいいが、これが結構むずかしい。「伝える」をテーマにしたイベントの告知コピー。

C＝糸井重里　CL＝西武セゾングループ（86年）

あなたたちは、
たまたま五体満足に生まれてきました。
長生きを喜べない国は、
かなしい。

当たり前という意識は傲慢。傲慢は、差別を生む。当たり前と思ったことを、たまたまだ、と考え直してみる。見えなかったものが、見えてくる。
C＝大野政仁　CL＝ふれあいの里・どんぐり（97年）

山田風太郎は言った。迷惑をかけないために老人が健康でいるのは、迷惑な話だと。彼は、ひょうひょうと病を受け入れ、齢79で潔くこの世を去った。
C＝佐藤康生　CL＝安田生命保険（97年）

仕事の約束は誰でも守る。
遊びの約束をすぐ破ってしまう人が
私はさびしい。

遊ぶ阿呆に、働く阿呆。同じ阿呆なら、遊ばにゃソンソン。一生懸命払った保険は、生きてるうちに遊んで使わなくっちゃソンソン。
C＝岩崎俊一　CL＝セゾン生命保険／ユーフレックス（94年）

他人をからかうのは好きなのに、
自分がからかわれるとすぐ怒る人が
私はさびしい。

他人をほめるのは好きなのに、自分がほめられると照れる人が私はうれしい。結局、人は自分のことを棚にあげてものを言う。
C＝岩崎俊一　CL＝セゾン生命保険／エバーグリーン（94年）

人間は弱いから、音楽が作られた。

中島みゆき
を聴いて
ラクになった。

喜びをたたえ、哀しみすらも享受する。聴くほどに生きる力が湧いてくる音楽。素晴らしいクラシックコンサートを提供してくれる施設専属クァルテット公演ツアーの宣伝コピー。
C＝芳谷兼昌　CL＝カザルスホール企画室、アウフタクト
（95年）

正直でいることがバカに思えた時。まっすぐがいけないように思えた時。中島みゆきの歌は、ノーと私をたしなめる。少し、勇気が湧いてくる。
C＝広瀬純子　CL＝ポニーキャニオン／中島みゆきCD
（95年）

音楽を聴いている。ぼくは生きている。

満員電車の中、人は生ける屍だ。身動きできず、声もだせない霊柩車。死ねない人は、ウォークマンで音楽を聴きながら心でリズムをとっている。

C＝岩崎俊一　CL＝ソニー／ウォークマン＆カセット（94年）

ウイスキーも音楽もなかったら、心がグジャグジャになるなあ。

心がグジャグジャになってるあの人にウイスキーを飲ませたら、からまれた。音楽を聴かせたら、うるさいと怒られた。私も心がグジャグジャになってしまった。時と場合を考えなかった私が馬鹿だった。なぁんてね。

C＝仲畑貴志　CL＝サントリー／ホワイト（86年）

無邪気は暴力。
おちゃめは平和。

「子供もやっぱり、蝿の羽をむしるときだけが本物なのか」と、ケストナーの詩。子供の無邪気は、悪気がない分、残酷に走る。

Ｃ＝仲畑貴志　Ｐ＝内藤忠行
ＡＤ＝井上嗣也　ＣＬ＝パルコ
／CULTURE PARK（86年）

人間 human

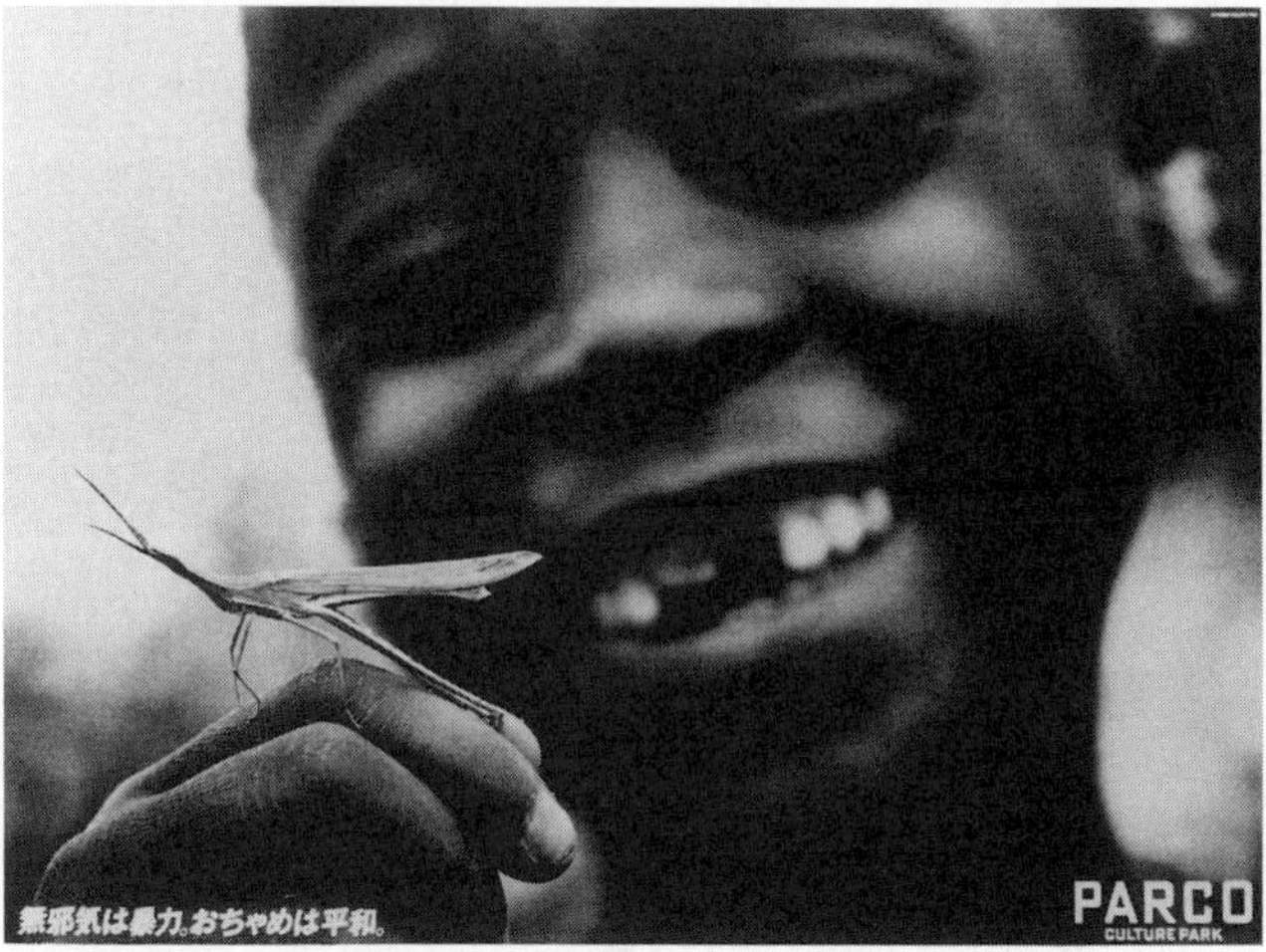

童貞と天才は、十代の夏に捨てられる。

童貞と引き換えに得るものは、現実。現実は、10代の夢や情熱、発見を、少しずつ歪めていく。

C＝一倉 宏　CL＝サントリー／「世界の有名画家」10代の作品展（88年）

勉強しないために頭をフルに使うのが、
大学時代です。

大学で学ぶのは、いかにラクして楽しく生きるか。その甲斐あって、4年後には立派なフリーターとなって巣立っていきます。
C＝佐倉康彦　CL＝フジテレビジョン／映画『That's カンニング！』（97年）

鎌倉時代より室町時代より江戸時代より、
高校時代です。

頼朝や家康が歴史を動かしたことよりも、青春の行方の方が、高校生にとっては重要な課題なのでした。
C＝佐倉康彦　CL＝フジテレビジョン／映画『友子の場合』（97年）

どうして、みんな、
馬鹿のふりして生きているのだろう。
どうして、僕たち、
アホのまねして笑っているのだろう。

それは利口ぶるのと、馬鹿のふりするのとじゃあ、馬鹿のふりする方が、敵を作らず利口だからです。
C＝一倉　宏　CL＝小学館／サピオ（90年）

それはアホのまねした方が、利口ぶるのと比べて災いが少ないからです。でも、その分、人には言えない傷が増殖していきます。
C＝一倉　宏　CL＝小学館／サピオ（90年）

げんき、ゆうき、のんき。

たしか教室の黒板の上に、誠実、清潔、整頓という文字が掲げられていたっけ。げんき、ゆうき、のんき。こんな校訓なら、もっと素直に育ったのに。

C＝魚住　勉　CL＝肥後銀行

（93年）

尊敬する人物が、
オトーサンやらタモリさん
だったりするのは、
ちょっとサミシイ気もする。

歴史・時代小説フェアのキャッチ・フレーズ。でも、尊敬する人が勝海舟や坂本竜馬というのも、どうかと思いますけど。
C＝糸井重里　CL＝新潮社／新潮文庫・歴史時代小説フェア
（86年）

小学生になろう。

理屈で凝り固まった大人の左脳は、初めて使うコンピューターの前では通用しない。社長さんも、お師匠さんも。小学生に戻って、レッツ・クリック！

C＝ピート小林直道　CL＝アップルコンピュータ／マッキントッシュ（91年）

人間を苦しめる政治ならいらない。
人間を苦しめる思想ならいらない。
人間を苦しめる文化ならいらない。
人間を苦しめる発明ならいらない。
人間を苦しめる発見ならいらない。
人間を苦しめる工夫ならいらない。
人間を苦しめる組織ならいらない。

システムを考え出した人間が、システムに動かされている。ミイラ捕りがミイラになった人間。その苦しみは、そう簡単になくせない。

C＝仲畑貴志　CL＝アムネスティ・インターナショナル
（92年）

お金がないと生きて行けない。
人間は弱いね。

ウンなこたぁーねえ。オラは畑も耕してるし、米もつくってる。サカナさ、うらの川で釣れる。と言えるようなお金に縁のない生活が憧れられてます。
C＝中村 禎 CL＝さくら銀行（93年）

ゆたかになったら、
その後、どうしますか。

その豊かさをさらに何千何万倍にしようと考え、実行するのがホントの金持ち。でも、貯まったお金ができるだけ減らないよう、ほんのちょっぴりの贅沢でがまんする人がほとんどでは？
C＝谷山雅計 CL＝日本興行銀行／ワリコー（91年）

家族 family

あなたが恋した時のこと教えてください。お母さん。

泣いたり、笑ったり。ジタバタしたり、ドキドキしたり。お母さんだって、もと女のコ。恋の話の3つや4つ。もしかしたら、恋愛でいちばん大切なことを教えてくれる相談相手かも。

C＝仲畑貴志　CL＝味の素ゼネラルフーヅ／コーヒー（88年）

母が恋した頃の夏に
娘が近づいて行く。

胸に刻み込まれる、甘くてホロ苦い夏の思い出。やさしい母親に見守られながら、また一歩、少女は大人になっていくのですね。

C＝仲畑貴志　CL＝味の素ゼネラルフーヅ／コーヒー（88年）

生んでくれて、ありがとうでばかやろう。

生きてると、いいことばかりじゃない。時には、布団にくるまって「死んでやる」って叫びたくなる夜もある。つまずいたり、コロんだり。でも、また起きあがればいいじゃない！

C＝こしみず幸三　CL＝アルゴプロジェクト／映画『お引越し』（93年）

お母さんを育てるのは、赤ちゃんです。

赤ちゃんを育てるのに、最初から自信マンマンの人なんていないな。だって、赤ちゃんの毎日の笑顔に「やさしさ」や「力強さ」を教えられながらゆっくりと母親になってゆくのだから。

C＝岡部正泰、青木智子　CL＝講談社／『えくぼ』（90年）

ママはまだ女性として美しいかしら。

こんな粋な台詞が言えるママがもっと増えたら、日本のお父さんももっとセクシーになるような気がする。
C＝秋山 晶 CL＝キユーピー／アメリカンマヨネーズ（91年）

ご主人を、
男性として見たことありますか。

果たして、今の世の中。この問いに何人の主婦が「イエス」とうなずくのだろう。できれば、すべての女性が「ノー」と答えないことを願いたいのだが…。頑張れ、ニッポンの男たち！
C＝福寿 誠 CL＝百又／男性用アンダーウェア（82年）

オバサンじゃないよ、
お姉さんとお呼び。と、
おかあさんが言った、風呂あがり。

お風呂に入ると、アカぬけて、肌がほんのりピンク色になる。ドキッとするほど艶っぽくなるんです。お風呂あがりは、お母さんにもお色気が戻る瞬間かも。
C＝仲畑貴志　CL＝東陶機器／気泡浴槽（85年）

父親にパンツ一枚
買ってくれんような娘に
育てたおぼえはない。

世の中のお嬢様方より反論の声が聞こえてくるようです。が、まぁまぁ父親とは、こういうものですよ。
C＝児島令子　CL＝内外衣料製品／アンダーウェア（91年）

いい娘になれよ。それしか言えん。

おとなの中で
親がいちばん
かわいい。

大切に育ててきた木がやっと花をつけたと喜んでいるうちに、さっと誰かに摘み取られてしまう悔しさ。父親は、娘が小さな頃から覚悟しています。
C=山田和彦　CL=小学館／学習雑誌（81年）

5月5日、子供の日の前夜。バーのカウンターで、ちっちゃな一足の靴を数人の大人が、本当にうれしそうに見ている。そんないい写真にこのコピー。孫に目がない親の姿は、誰にとってもいちばん可愛いものなのです。
C=岩崎俊一　CL=ラフォーレ原宿／ディアーキッズ（91年）

一番のなかよしは、母でした。

お父さんにさわりたい。

おしゃれのこと、お料理のこと、恋のこと。女のコは母親と友だちのように話し合える。母と娘は家庭内の親友です。悲しいかな、お父さんは、入り込むスキがありません。
C＝御倉直文　CL＝東日本旅客鉄道／サンク・マム・パス（89年）

仕事に明け暮れ、久しぶりに顔を会わせた子供にどこのオジサン？　と聞かれてショック！　なんて笑い話があるけど、本当は子供は淋しいんです。
C＝岩崎俊一　CL＝中日新聞社／1979年国際児童年（80年）

父母が、年をとっていた。
わたしの知らないうちに。

お正月、帰省して。ある時、ふと気づく。父と母の顔を見て、しみじみ「老けたなぁ」と思う。苦労かけたら、いかんよね。
C=児島令子　CL=小野薬品工業（96年）

父は、待っていなさそうで、
待っている。

ガンコ者の父親は黙っている。黙ってるのに、ほんのちょっとだけ態度に出してわかってもらおうとする。
C＝村田　徹　CL＝NTT／電報サービス（92年）

突然の、
親孝行を
お許しください。

「気持ち悪いよ」なんて、お父さんに言われてもいい。「今、忙しいから、あっち行ってて」なんて、お母さんに言われてもいい。さぁさぁ、思い立ったが父の日&母の日。
C＝岡田亜子　CL＝岩田屋（87年）

中継が始まると、
親父は力道山になった。

日本でテレビが急速に普及し始めた昭和34年ごろ。テレビに向かって、興奮気味に空手チョップを繰り出すお父さんの姿はなんとも滑稽でほのぼのとしたものだったに違いない。
C＝榎本　宏　CL＝電気事業連合会（82年）

真知子が泣くと、姉さんも泣いた。
昭和27年、名作「君の名は」人気沸騰。

ラジオを聴きながら、こっそり涙をぬぐうお姉さんってなんだか情緒ってもんがあります。もう、いないのでしょうか。こんなお姉さん。
C＝榎本　宏　CL＝電気事業連合会（82年）

姉の胸がふくらんで来た頃から、
兄弟喧嘩は少なくなりました。

男から見て女ってわからない。女から見て男ってわからない。兄弟でも、そんなことを感じはじめる時期があるんですね。
C＝仲畑貴志　CL＝味の素ゼネラルフーヅ／コーヒー（87年）

父も母も素敵でした。

大人になって、ひとりの男として、女として、両親をスバラシイと思えるのは、子供にとって最高の幸せかもしれません。
C＝一倉　宏　CL＝サントリー／ビール（87年）

母の勇気を、
なんとかしたい。
母の馬力も、
なんとかしたい。

働きもので、頑張り屋さんのお母さん。ひょっとしてお母さんなんてやってなかったら、何かの世界で活躍してたかもしれないお母さんって、きっと大勢いるんだろうな。
C＝中村　禎　P＝清家正信
AD＝山田正一　CL＝リクルート／とらばーゆ（86年）

母の勇気をなんとかしたい。
アルバイト
パート速報
あなたの勇気と、
とらばーゆ

母の馬力もなんとかしたい。
アルバイト
パート速報
あなたの馬力と、
とらばーゆ

母は、魔法つかいだった。

すぐに美味しいものを作っちゃうし。お化粧すると顔が変わっちゃうし。お酒を飲むと別人になっちゃうし。子供の頃、お母さんは間違いなく魔法を使ってたような気が…。
C＝渡辺直基　CL＝末廣酒造／日本酒（81年）

海の字には母の字がある。なぜかな。

ヒント。海を見るとお母さんに守られてるようなホッとした気持ちになるのです。
C＝鈴木康行　CL＝日本水産（80年）

あさってはハハハハの日である。

母の日のコピー。いつも朗らかなお母さんも、母の日には笑い声がもっと大きくなるという内容。プレゼントをして喜ばせてあげたくなりますね。
C＝安藤　隆　CL＝サントリー／ワイン（85年）

独身最後の親孝行は、結婚なのです。

娘をもつ父親にとっては、少し複雑なのかもしれませんが。なるほど、おっしゃる通りです。
C＝奈良坂　進　CL＝オーエムエムジー／結婚紹介（85年）

いつも、仕事の日や、
家族の日ばかりだから、
父の日ぐらい、
パパの日にしてあげたい。

いつも強がっているだけのお父さん。子供にこんなこと言われたら、きっとホロリ泣いちゃうかもしれません。この気持ちがいちばん。
C＝一倉　宏　CL＝岩田屋
（88年）

大きくなったら、
お父さんになるんだ。
大きくなったら、
お母さんになるの。

男の子は、きっと憧れています。お父さんのたくましさに。女の子は、きっと憧れています。お母さんのやさしさに。そのためにも、子供ができたら素敵なお父さん、お母さんになるよう、心がけなくっちゃね。

C＝杉山明人　CL＝味の素ゼネラルフーヅ／コーヒー（86年）

家族の顔を想いうかべると、生きて行けると思う。

試験に落ちた時。男にダマされた時。会社を辞めた時。駄目になりそうな時、心が空っぽになりそうな時。いつでも心に浮かぶのは、家族のやさしい顔なんです。

C＝仲畑貴志　CL＝味の素ゼネラルフーヅ／コーヒー（87年）

お父さん、大きくなったら、
ナニをしたかったの。

一緒にお酒を酌み交わす年頃に息子がなるのを父親は待っています。そして人生の先輩として、いろんな話を聞かせてあげたいのです。

C＝仲畑貴志　CL＝サントリー／サントリーオールド（85年）

オジサンも、
父だと思えば、
みなかわいい。

苦手な会社の上司も、学校の先生も、お父さんだと思って接してみれば、ちょっとはやさしくなれるかもね。

C＝登内綾子　CL＝ビブレ／ファーザーズデイ（93年）

近頃、娘の帰りが遅いので、
門限は8時だぞ、
と注意したら、
うち、門なんて
ないじゃない、
と言うのですよ。

本気で怒っても、ギャグで返されたら、もう怒る気もなえちゃいますよね。でもこの突っ込みこそ、成長の証なんです。
C＝杉山明人　CL＝リクルート／週刊住宅情報（85年）

家を出ることに、
最後まで反対した父が、
いちばんに電話をくれた。
ジワッと、元気が出た。

厳しさも愛情のうち。そばにいると気がつかないけど、離れてみるとわかってくる。そう、親の愛情の深さを電話は教えてくれるのです。
C＝小川英紀　CL＝第二電電
（95年）

「忙しいなら無理して
帰らなくていいよ。」は、
ほとんどの場合、
嘘です。

故郷をもつ人間にとって、こういうのって、なんだか無性にジーンときますよね。
C＝白石大介　CL＝東日本旅客鉄道（96年）

僕が母のことを
考えている時間よりも
母が僕のことを
考えている時間の方が
きっと長いと思う。

お母さんは、いつも子供のことを考えていると思うと、毎日が母の日でもいいのかもしれない。
C＝村田　徹　CL＝NTT／電報サービス（92年）

話さなくても　わかる、
話せば　もっとわかる。
家族だからね。

いくら喧嘩が絶えなくても家族は家族。世界中どこを探し回っても、他には見つかりません。やっぱり血のつながりは、何かを共有する不思議な絆なんです。
C＝仲畑貴志　CL＝味の素ゼネラルフーヅ／コーヒー（92年）

お母さんがいなかったら、わたしもいない。

私を産んでくれたお母さん、お母さんを産んだおばあちゃん。そのおばあちゃんも、曾おばあちゃんから産まれ…。命の絆を紡いできた母の偉大さに感謝。
C＝木本きみ子　CL＝中日新聞・東京新聞／MOTHER'S DAY（88年）

ママが現在の私より若かった頃。

その頃の父の日記を読みたい。

母を母としか見ない日本人。アメリカ人は、母の中に若かりし頃のドラマを探す。アメリカンの愛情は、ひと味違う。
C＝秋山 晶 CL＝キユーピー／アメリカンマヨネーズ（94年）

自分と同じ年頃に、父も同じ本を読んでいた。その時、何を思ったか、青年の父に会いたくなった。
C＝糸井重里 CL＝新潮社／新潮文庫（85年）

母と別の道。

娘にとっていちばんの反面教師は、母親である。母のように生きたくない。自立は、ここから始まる。

C=糸井重里　CL=パルコ

（87年）

お父ちゃんは、えらい。
お父ちゃんは、正しい。

キャッチ・フレーズはインパクト。正しいとか、えらいとか言われるお父ちゃんは、この頃から、希少価値だったのですね。ちなみにこれは、頑固なほどにピュアな野菜ジュースのコピー。

C＝竹内基臣　CL＝カゴメ／野菜ジュース（81年）

おじいちゃんは、怒るとこわくて、好きだ。

子供には見えています。きちんと怒る人と、そうじゃない人の心根が。怒るおじいちゃんは、まっすぐな人。だから子供に好かれます。

C＝岡田亜子　CL＝岩田屋／
敬老の日（87年）

キスシーンになるたびに、
何かと話しかけてくる
お父さんがかわいらしい。

むすめのはだかは、
しまっておきたい。

家族で映画やテレビを見ていて、エッチシーンに遭遇。あの気詰まりから脱出するには、喋るに限る。饒舌は最大の防御なり。
C＝門田 陽　CL＝東宝／天神東宝オープン（97年）

年頃の娘に、痴漢呼ばわりされるお父さん。裸にならずにシャンプーできる洗面台の出現で、いちばん喜んだのはお父さんでした。
C＝一倉 宏　CL＝東陶機器／シャンプードレッサー（90年）

大人の気持ちが、子供にわかって、たまるか。

「大人のくせに、とか大人らしくしなさい、とか決めつけるな。大人の気持ちが…」あれれ。いつの間にやら、大人と子供が逆転してる。

C＝仲畑貴志　CL＝ワールド・ゴールド・カウンシル（91年）

「お父さんは
ワタシの母の
恋人です」
「お母さんは
ボクの父の
恋人です」

「夫は私の恋人です」「妻は私の恋人です」と、ならないところが、コピーライターの芸と技。それじゃあクサいし、反感買うもんなあ。
C＝岩永嘉弘　CL＝東武百貨店（88年）

母がきれいだと
歳をとるのが、
こわくない。

女は歳をとるにつれ、母親に似てくる。美人の母だと、将来は安泰。そんな着眼点が楽しいコピー。美しく生まれてきた母に感謝しよう。

C＝岩崎俊一　CL＝西武百貨店／母の日（01年）

父さん母さん、
ボクに最後の投資をする時が来た。

子供たちよ。
サンタは大富豪じゃ
ないんだぞ。

リクルートスーツはいいものを、
というキャンペーン・コピー。
でも最後の投資ってほんとかね。
結婚資金やマンションの頭金を
ねだる子供もいるわけで…。
C＝佐々木洋一　CL＝伊勢丹
／リクルートスーツ（94年）

昼は牛丼。至福の時間は、ドト
ールコーヒー。そんなオヤジに
子供はたかる。そんなオヤジは
見栄をはる。
C＝守屋和子　CL＝三菱銀行
（95年）

親は、半分しか育てられない。

子供の人格を作るのは、親と環境。親が丹精こめても、土壌が悪いとすくすく育たない。このコピーでは、動物の住める所が、人間の住める所、と締めくくる。

C＝岩崎俊一　CL＝東京新聞

（83年）

ボーヤハント。

運動会。可愛や我が子、と必死になってボーヤやお嬢チャンを悪戦苦闘して追っかけるお父さんの姿が、いちばん可愛い。

C＝眞木 準　P＝冨永民生
AD＝戸田正寿　CL＝日本ビクター／ムービー（87年）

ボーヤハント。
Victor
JVC
Victor Movie
GR-C7
¥248,000 VHS
超かわいいムービー評判です。

うちのコにかぎって、かっこいい。

「やっぱり、人妻はいいなあ」。そういうあなたの奥さんも人妻です。

「うちのコにかぎって、そんなことはいたしません」今、子供を信頼する親はどれだけいるのだろう。目につくのは、信頼よりも、期待する親ばかり。
C＝岡部正泰　CL＝パルコ／パルコの子供服（85年）

ヒトヅマ。その言葉の響きから、早くもゾクゾクしている男性の皆さん。我が家の人妻をないがしろにしていませんか。いい夫婦の日には、妻に花を贈ってね。
C＝大塚昇　CL＝ジャパン・フラワー・ネットワーク（00年）

平和な家庭は、
よく喋る。

父は残業。母はパート。息子はパソコン。娘は携帯。言葉のないのが普通の家庭。器は平和でも、中身は不幸。それが日本。
C＝中塚大輔　CL＝第一生命保険（91年）

出発の前の晩
おふくろは、タオルを20枚、
バッグに入れた。

僕の一番好きな料理は、
外では食べられない。

タオルというところがお上品。パンツを詰めこむダイナミックな母もいる。さて、これは家を離れていく若者を応援する新幹線のコピー。
C＝生出マサミ　CL＝東海旅客鉄道／ファイト！　エクスプレス（89年）

好きなものが、生焼けのハンバーグでも笑っちゃいかん。男にとって、おふくろの味は究極。悪食も美食も、男の味覚は母親で決まる。
C＝細野一美　CL＝トーヨーサッシ／システムキッチン（90年）

帰った親父のキゲンの悪いときは、
まずお風呂に入れてしまおう。

そういえば、笑っている人はいても、怒っている人は見たことがない風呂上がり。会社にも、ボスを入れるお風呂が欲しい。
C＝細野一美　CL＝トーヨーサッシ／トステムバスルーム（90年）

父を元気にしないと
ニッポンが心配だ。

経済も街も、人の心もボロボロの終戦。突貫工事で日本を建て直したのは、元気に働くお父さんたちだった。ニッポンはいま、ピサの斜塔のように危うい。
C＝岩崎俊一　CL＝西武百貨店／父の日（01年）

敬老の日に、
一年分のやさしさをもらうより、
一年中、すこしずつ楽しいほうがいい。

少子化が進む。老齢化も進む。敬老の日を祝う孫の負担は膨らむ。1年中楽しめるウォークマンを敬老の日に、というこの広告は、違う意味でも、名案だ。
C＝仲畑貴志　CL＝ソニー／ウォークマン（82年）

正月は、父の日、母の日。

365日の中でいちばん親がうれしい日は、子供の顔が見られるお正月。このコピーを知ってから、国際線はやめにした。帰省列車に乗るようになった。
C＝白石大介　CL＝東日本旅客鉄道（97年）

ところで、母は幾つになったんだろう。

平成になって、母の歳をすぐに言えなくなった。えーと。昭和は何年までだっけ。とややこしい計算。毎年、母の日を祝っていれば、しっかり歳を把握してるかも。
C＝広瀬正明、加藤麻司　CL＝大沢商会／母の日、ラコステ（94年）

母が年をとったことを、味の薄さで知りました。

「お母さん、この味薄いよ」「あら、そうかしら」こういう日は必ずくる。大好きな母の味付けを早いとこ覚えておかなきゃ。
C＝小島富貴子　CL＝天王醸造／天然手作り醬油（01年）

毎日 everyday

生きるが勝ちだよ、
だいじょうぶ。

なんだかんだいっても、生きてれば楽しいことに出会います。どうせならクレジットカードを使って、いっぱい笑いましょう。
C＝仲畑貴志　CL＝セゾングループ／セゾンカード（88年）

うそみたいな、ほんとが、ほしい。

日本が高度成長して、消費への欲望がパンパンに膨らみ始めたバブル前期。それまでは「夢（うそ）」でしかなかった消費生活がいよいよ「現実（ほんと）」になっていきました。
C＝糸井重里　CL＝西武百貨店（89年）

生まれた以上は、幸せになりたい。

ごく当たり前の願いが、叶えられない人たちがいる。戦争、事故、病気などの不可抗力によって。これは毎年恒例になったチャリティー番組のコピーです。C＝糸井重里　CL＝日本テレビ／24時間テレビ『愛は地球を救う』（81年）

あなたは、もっと、得していい人です。

知らず知らずのうちに得をしている人もいるけど、知らず知らずのうちに損をしてる人もいる。どうせなら得する生活がいい。C＝山本尚子　CL＝クレディセゾン／セゾンカードインターナショナル（91年）

時々、想って、
時々、忘れて
いいですか。

今までのことは
なかったことに
しようっと。

自分にとって都合のいいひと。昔で言えばメッシー、アッシー、ミツグクン。いえいえ男の人だけではないはず。故郷のことを時々想って、時々、忘れるあなただって、ほんとご都合主義。C＝山本尚子　CL＝西武百貨店／池袋店・村の万博'90（91年）

そうです、昨日のことは今日に持ち越さない。ギャンブル、失恋、失策、赤っ恥。過ぎたことは忘れ、建設的な毎日。イメージチェンジもひとつの方法です。C＝山本尚子　CL＝西武百貨店（93年）

あそんでねむれ。

くうねるあそぶ。

赤ちゃんのお仕事は遊ぶことと眠ることです。とっても幸せそうです。近ごろ、赤ちゃんに戻りたがる人が増えています。
C＝糸井重里　CL＝パルコ
（91年）

くうねるあそぶ、は人間の基本です。でも、それが贅沢の基本になるほど、現代は暇のない時代なのです。
C＝糸井重里　CL＝日産自動車／セフィーロ（89年）

バカンスとは、
大してお金を使わなくても
楽しかった一日のことです。

ひとりごとが多いのは、
東京にばかりいる
からじゃないかな。

豪華なホテルに泊まって観光するだけがバカンスではない。野山をかけ、テントに泊まり、バーベキューする。使うお金も少なくてすむアウトドアの方が結局、素敵な思い出になるんです。
C＝梅本洋一　CL＝良品計画／無印良品（95年）

都会の孤独。ひとりごとは淋しさとストレスと退屈による都会の産物です。地方には、水、空気、ほか美味しい産物がいっぱいです。
C＝仲畑貴志　CL＝九州旅客鉄道／九州地方観光協議会（93年）

遊び方は生き方です。

チマチマ遊ぶ人は、人生をチマチマ送ってるわけですね。一度しかない人生だもん、ダイナミックに休みを取って、どこかへポーンとでかけようじゃないですか。
C＝白石大介　CL＝東日本旅客鉄道／ＪＲスキースキー
（96年）

イソガシイ時や、夢がヒマ。

せめて活字の世界で夢とロマンを冒険しましょうよ。という新潮文庫のポスターでした。
C＝糸井重里　CL＝新潮社／新潮文庫（93年）

たとえば大声で笑うことも、
スポーツだと考える。

「笑う門（かど）には福きたる」。談笑、苦笑、哄笑、嬌笑、爆笑、激笑、呵呵大笑。このごろ、涙をだすほど笑ったことありますか。いい笑いをしたあとは、とかくお腹がすくものです。

C＝宮下裕介　CL＝福岡市／国際スポーツ都市宣言（96年）

花を見過ごしている人が、
花の写真を見てしみじみとする。

写真に封じ込められたその美しさにうたれて、本物の花の匂いにふれたくなったことはありませんか。現実から切り取られた映像が、本物以上に刺激的な場合もあるのです。

C＝秋山　晶　CL＝キヤノン販売／花博写真美術館（91年）

都会で、ボケーション。

会社のデスクでボケー。公園のベンチでボケー。帰りの通勤電車でボケー。忙しい都会のサラリーマンにもつかの間の休息を。
C＝眞木 準 CL＝サントリー／カンパリソーダ（83年）

時々、水気をやらないと人間、ひからびちゃいますよ。

渇水シーズンのダム底みたいな人間には、なりたくない。立ち枯れた梢のような心は、持ちたくない。人間、お酒という水気をやらないと駄目なのです。
C＝加藤英夫 CL＝サントリー／ローヤル（95年）

ビールがあれば
晴れた日は、
猫になりたい。

なんにもしないをするの。

暖かい日向でゴロニャン的な気分って、とても贅沢。ビールのほろ酔いはさらに贅沢。会社のデスクで暖かい春の日差しを浴びたとき、感じる憧れなのです。
C＝中村　禎　CL＝キリンビール／ビール（93年）

この世で最も贅沢なのは、「なんにもしない」を楽しむこと。この世で最も難しいのは、やはり「なんにもしない」を楽しむこと。それは無我の境地とでもいいましょうか、禅の世界にも通じる快楽あるいは夢。
C＝古居利康　CL＝西武百貨店（91年）

せつせ、
せつせ、と働いて
キヤツキヤ、
キヤツキヤ、と遊ぼうよ。

働いたら、遊ぶ。これは、自分へのご褒美なんです。
C＝中谷典久　CL＝学生援護会／日刊アルバイトニュース（83年）

おいしい生活。

味覚にはいろんな表現があります。甘い、酸っぱい、辛い、ほろ苦い。そう、生活もいろんな楽しみ方がある。このキャッチコピーをきっかけにライフスタイルという横文字を得意気に口にするオジサンが急増しました。

C＝糸井重里　P＝坂田栄一郎
AD＝浅葉克己　CL＝西武百貨店（83年）

毎日 everyday

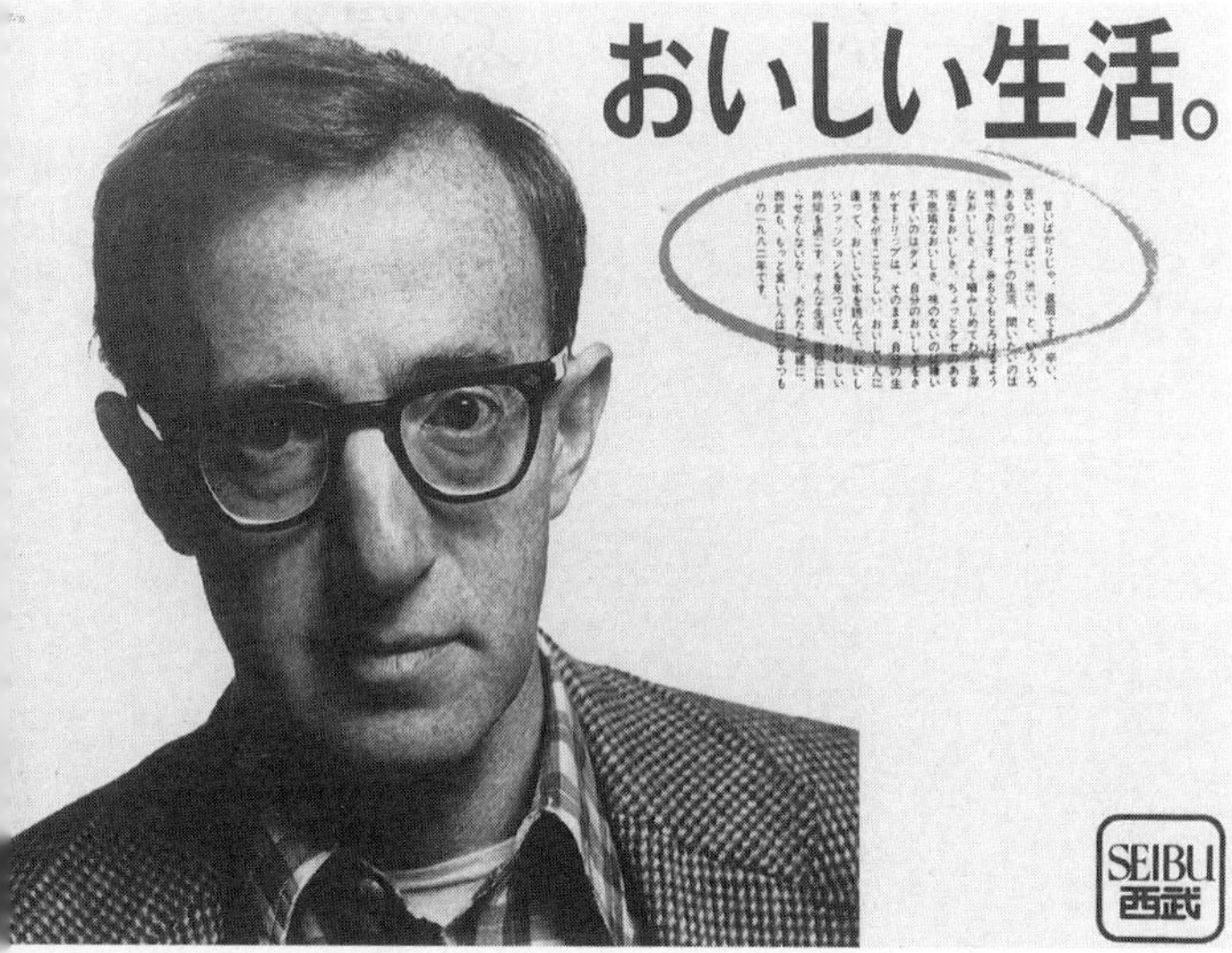

買い物にも行けない東京の忙しさを
ふるさとで実況中継してほしい。

でも、実際そんなことしたら、
そんなとこに住んでないで静か
で畑もある「ふるさと」に早く
帰ってこいと言われるかも。
C＝岩崎俊一　CL＝西武百貨
店／駆けこみギフトセンター
（91年）

充電しないと、
しぼむぞ。

トマトジュースで元気を充電し
よう、というコピー。でもなあ、
カラダには体脂肪。たまには放
電しないとパンクするぞ。
C＝竹内基臣　CL＝カゴメ／
トマトジュース（85年）

日本を休もう。

1日24時間、1年365日働き続けの日本。日本の働き方を、そろそろ休み方にかえてはどうかというJR東海さんからの提案。この影響で、夏休みシーズンなどの際にはホテルの予約をとるのに、ヒーコラいうこともありました。

C＝生出マサミ　CL＝東海旅客鉄道（91年）

ほしいものが、ほしいわ。

我慢できずに買ったモノは、
そのあと、すぐ
バーゲンにでる。

今一番欲しいものはと聞かれたら？　多分みんなズバリ答えられないんじゃないかな。それだけ物が溢れている時代。魂がゆさぶられるくらい欲しいものに出会える人って幸せなのかもね。
C＝糸井重里　CL＝西武百貨店（88年）

でも、バーゲンの衝動買いは着ないでタンスのこやしとなる場合も多い。結局は買物は計画を練るのがよろしいようです。
C＝石川　透、阿部祐樹　CL＝三和銀行（95年）

なんでもない、ほど、難しい。

お化粧も、ファッションもなんでもない、つまりベーシックなものは、ごまかしがききません。要はその人の中身がモノをいうのです。

C＝糸井重里　CL＝オンワード／J・プレス（82年）

季節を感じて暮らすことが、
いま贅沢になっている。

音楽は時代に咲く花だ。

春夏秋冬のある国ニッポンで、季節が見えなくなってきている。真冬のトマト、真夏の屋内スキー場、とここまで季節がボーダレスになっている。確実に季節を感じるものは春のスギ花粉だけかもしれません。
C＝今道正純　CL＝寺岡製作所ほか連合広告（91年）

赤い花、白い花、ピンクの花。咲いた花は散るのが運命。アイドルだったあの歌手、いったい何処に散ったのでしょう。
C＝安念俊彦　CL＝パイオニア／オーディオ（80年）

木が放つ匂いは
木の言葉なんだ

木は言葉を喋れないかわりに匂いで語りかけてくる。花も、野菜も、みんな匂いで語りかけてくる。季節の匂いは言葉を喋れない生き物たちの合唱なのです。自然に万歳！

C＝土屋耕一　CL＝伊勢丹

（85年）

不思議、大好き。

ピラミッドはどのようにして作られたのか。本当にアトランティス大陸はあったのか。宇宙の誕生は？　不思議が大好きな私たち人間は、考える葦。その好奇心が新しい消費生活に結びつく時代もありました。

C＝糸井重里　P＝坂田栄一郎
AD＝浅葉克己　CL＝西武百貨店（82年）

毎日 everyday

SEIBU
西武
世界の七不思議ばかりじゃない。シンセサイザーだって、小説だって、今日のお天気
も、おいしい料理の味つけも、編みこみのセーターも、いい音楽も、人間のカラダも、
美しいティーカップも、みんなみんな、心ときめかせるものは不思議でいっぱいだ。
不思議の近くには、感動とか発見、幸運なんてコトバがいつもかくれているそうだから、
誰でも、不思議が大好き。これを、1981年の西武のテーマにしたいと思います。
不思議、大好き。

私だって、
日本経済を支えているひとりなんだから、
もうすこし、幸せにしてほしい。

納税は国民の義務です。だから働く女性や若者も納税者。でも、その私たちの幸せを援助する制度が少しはあってもいいんじゃないですか。政治家の皆様。
C＝一倉　宏　CL＝学生援護会／サリダ（91年）

ゆっくりと、
お金持ちになりましょう。

お金持ちになろう、と言われたら、縁のない話だ、と無視。そこに「ゆっくり」がつくと一瞬その気になる。しかし、やっぱり元手がいる。トホホ。

C＝今道正純　CL＝メリルリンチ日本証券（00年）

幸福はカラダの奥にある

お金では買えないものがあるとか、健康が何よりの宝だとか。他に頼るものがなければ、カラダを張るしかないもんね。

C＝安藤　隆　CL＝サントリーフーズ／烏龍茶（91年）

ビールは人生の一部を スローモーションにしてくれる。

休日の朝、ベランダに出て、高原の空気を肌に感じながら、缶ビールのプルトップを引いた。小鳥のさえずり。梢をぬけるそよ風。スローモーションのようにゆっくりと時間が過ぎていく。そして、気がつくと、足元には10個のプルトップが転がり夕方の気配。なんてこともある。
C＝眞木　準　CL＝サントリー／バドワイザー（87年）

神様、想像力をありがとう。

神様に「ありがとう」と言える人は、想像力豊かな人。「ありがとう」と言えない人は、人生つまらない人。想像力豊かだと、幸せです。

C＝栗田　廣　CL＝三陽商会／イマジネイター（91年）

原始力で生きる。

元始、女性は太陽であった。毎秒3.8×1026ジュールのエネルギーを放出していた。現代の女性の原始力は、もっとすごいよ。原子力なんてちっぽけだ。

C＝糸井重里　CL＝パルコ（88年）

今日は、明日の思い出です。

今やビデオ撮影会と見紛う運動会、学芸会、入学式。凝り性のお父さんは、大忙しです。でも、親バカでもいいじゃありませんか。今日と同じ笑顔は、明日にはもう見られないのですから。

C＝栗田　廣　CL＝ソニー／ハンディカム（92年）

家にいたって、思い出はできない。

休日にゴロ寝しながら観る旅番組。まさかそれで思い出を作っている人はいないと思うが…。
C＝芳谷兼昌　CL＝九州旅客鉄道（96年）

変われるって、ドキドキ

人を変えるのは恋愛だ。ダサさも変われば、虫歯も治る。でも恋愛はそうそう落ちてはいない。せめて車でも買って気分を変えよう。
C＝山本高史　CL＝トヨタ自動車／カローラ（01年）

太陽に退屈したら、
もう行く場所がない。

昼寝、散歩、ベンチのデート。明るい陽射しを浴びると、すべてが最高のリゾートになる。そしていちばんは、太陽の下、スポーツで汗を流すこと。
C＝東海林高夫　CL＝デサント（83年）

花を育てるようになると
雨が好きになる。

歳時記には40以上の雨の季語があるという。日本の雨の生活を楽しむ。そんな風流な暮しを望む、マダム向けハウスのコピー。
C＝岩崎俊一　CL＝積水ハウス／シャーウッド（00年）

自分の足の下にあるものは、
自然のものであってほしいと思う。

足の下というのは床のこと。家の中でいちばん頻繁に肌が直接ふれるところ。最近はコルクタイルなど木材に人気が移りつつありますが。これは、ウールカーペットの宣伝。
C＝根岸礼子　CL＝国際羊毛事務局／ウール・バーバーカーペット（85年）

不自然が
いつのまにか
自然になっている。

舗装された道は、水たまりを作れない。少年期から昆虫記が消えた。そんな広告キャンペーンのタイトル。
C＝原　暁美　CL＝ニトムズほか連合広告（92年）

世の中に、どうしても
なくてはならないものって
いくつあるんだろうね。

たとえば過剰な包装や、スーパーのビニール袋。無駄なものをなくそうというエコの意識はもっと広がるべきだ。

C＝佐藤康生　CL＝日本メドトロニック（96年）

必要なものは、地味に見える。

贅沢が、貧しくしてる。

米がレインボーカラーだったり、ほうれん草が孔雀みたいだったり、それは困る。空気なんて、地味どころか見えもしない。
C＝秋山 晶、石川 勉 CL＝大塚製薬／カロリーメイト（87年）

贅沢な食卓を作るために格闘して、ロクに会話さえないのはまずしい。この広告はそれより缶詰という提案らしいが…。
C＝佐倉康彦 CL＝明治屋／マイディナー（91年）

暑い暑いと文句言える
シアワセよ。

この広告の前年の夏は雨ばかりのサミシイ夏だったらしい。雨ニモマケズ　夏ノ暑サニモマケヌ　サウイフモノニ　ワタシハナリタイ
C＝糸井重里　CL＝西武百貨店（90年）

たったひとつ、あればいい。

家庭を3つ持ったとします。それぞれに似たような連れあいがいて、同じような額のローンがあって。考えただけでくらくらしませんか。大事なものはひとつでいい。ひとつがいい。
C＝山本尚子　CL＝西武百貨店池袋店／京都名匠会（89年）

お金で買えないもののほうが、大切だったりする。

ヴォーヴナルグという警句家は「良心・名誉・貞淑・愛・尊敬といったものは金力で得られる」と。お金を持ってはじめて、お金のチカラがわかる。
C＝中村　禎　CL＝さくら銀行（93年）

流行しないから、流行遅れにならない。

さくら、トマト、つばめ、新緑、いわし雲、赤とんぼ、新米、朝寝坊――君たち流行するなよ、流行遅れにならないために。
C＝迫田哲也　CL＝セイコー／グランドセイコー（00年）

流行なんて、流行遅れだ。

エリマキトカゲ、ナタデココ、「一杯のかけそば」、たまごっち、ポケベル…。うたかたのごとく消えた時のヒーローたち。それに引きかえ、ジーンズは息の長い性格俳優だ。
C＝細野一美　CL＝ビッグジョン（88年）

東京に住まなくたって
楽しいことは、いっぱいある。

スローフードに、帰ろう。

東京に住んでて、楽しいことって、何だろう。電車の中の化粧シーン。ホームレスの行方。そんなスリルとサスペンスかなあ。
C＝吉田有理　CL＝本多劇場グループ、リクルート（90年）

そもそもイタリアのマンマが作る自然の素材をいかし、手間をかけて作った料理をスローフードという。提案は見事だが、実行できる暇と腕がいまの女性にあるのかなあ。
C＝秋元　敦、矢部　薫　CL＝カゴメ／アンナマンマ（00年）

借地、だが、故郷。

複雑な人間関係。それ以上にややこしいのが、お金がからむ借地問題。これは複雑な土地問題を解決してくれる会社の、情感に訴える広告コピー。
C＝石川英嗣　CL＝旭化成工業／リレーション（97年）

ヒマって、不安。

会社を辞めた。あれほど憧れていたプータロー生活も、1ヵ月もすれば十分。それ以上続くと、社会から取り残されたようで、あせってくる。就職情報が気になってくる。

C＝坂東真弓　CL＝リクルート（96年）

明るいニュース
だけの新聞は
無いか？

殺人、汚職、ひきこもり。時代とともに、暗いニュースも進化するばかり。ため息ばかりの毎日には、晩酌の時間がせめてものなぐさめだ。

C＝仲畑貴志　CL＝月桂冠（97年）

東京でいちばん新鮮なものは、
ニュースです。

新鮮だけど、近頃のニュースはカラダに毒です。でも、毒の免疫がなければ、世の中生きていけません。
C＝岩崎俊一　CL＝東京新聞
（85年）

東京でいちばん多い生き物は、
野次馬である。

その野次馬は、目撃した事件、事故が翌日の新聞に載っていないとガッカリします。
C＝岩崎俊一　CL＝東京新聞
（85年）

1週間で時代は変わる。

夏、一か月。
本、一生。

1週間、海外旅行をしていただけで、浦島太郎気分になる。帰国していちばん最初に聞くことは、「何か事件、なかった？」。これは1週間の気になるニュースを満載した「アエラ」のコピー。
C＝眞木　準　CL＝朝日新聞／アエラ（88年）

夏、一か月。傷、一生。なんてことにならないよう、海の遊びもほどほどに、少しは本でも読みましょう。
C＝安藤温子　CL＝角川書店／角川文庫の名作100（93年）

知らないものには
引力がある。

ちっちゃな本が
でかいこと言うじゃないか。

タイムカードを押すためや、大根を買うためだけに、人は外出しない。知らない人に出会うためだ。知らないものや知らなや恋や浮気。すべては知らないものの引力のせい。
C＝中野　秀　CL＝松屋
（89年）

でかいのにちっちゃいことしか言わないサギ本が増えている。気をつけよう。
C＝佐藤澄子　CL＝講談社／講談社文庫100冊の本（89年）

バーゲンに行くと生きてる気がする。

会う、贅沢。

欲しかったものが、驚くほど安値で買える喜び。バーゲンは人間の狩猟本能をかきたてる。
C＝岩崎俊一 CL＝西武百貨店／'95冬市（95年）

無人のインターネットショッピングよりも、店員にいちいち注文をつけられるデパートの方が、やっぱり贅沢。
C＝岩崎俊一 CL＝西武百貨店（83年）

食べることは、ザンコクで、
楽しくて、すばらしい。

食べ物や料理をテーマにした文学、映画、絵画の数々。偉大な思想は胃袋から生まれる。
C＝清水啓一郎　CL＝カゴメ
（91年）

知識だけで、
味覚を磨くことはできない。

グルマンと称するオジさん、オバサンよりも、漁師の夫婦がずっと舌が肥えていたりする。経験に勝るものなし、なにごとも。
C＝西村佳也　CL＝サントリー／リザーブ（80年）

海の音は
言葉だろうか、音楽だろうか。

文科系の人には言葉に聞こえ、体育会系の人には音楽に聞こえる。無気力系の人には雑音にしか聞こえない。ちなみにこのコピーは、海の幸を缶詰にする、「ニッスイ」のもの。
C＝赤井恒和、鈴木康行　CL＝日本水産（80年）

ビールは透明な音楽だ。

褐色に光る透明な音楽、ビール。スポーツに仕事後に、恋の語らいに。いろんなライフシーンを楽しく演出してくれる大切なアイテム。その音楽は心地よく包んでくれる。
C＝長沢岳夫　CL＝サントリー／純生（82年）

海は、もうひとつの畑なんだ。

味噌も醤油も蕎麦も原料のほとんどは外国産だとか。海の畑は大丈夫なんだろうか。
C＝秋山　晶　CL＝キユーピー／キユーピーマヨネーズ
（90年）

地上だけが変わる。空は変わらない。

「トルーマン・カポーティを読みながら」というテーマの「アメリカンマヨネーズ」の広告。少年の頃に住んでいた家を訪ね、その街の変貌を嘆くアメリカンな話が続く。
C＝秋山　晶　CL＝キユーピー／アメリカンマヨネーズ
（92年）

妻よ、ボーナス日を
返済日と呼ぶんじゃない。

住宅ローンにボーナス返済ってのがありまして。ローンで家を買ったお父さんは、きっとこの不動産会社のキャッチに共感するだろうな。
C＝福島和人　CL＝日鉄ライフ（98年）

パリで買った品も、
質流れで買った品も、
使えば変わらぬブランド品。

銀座の地下道にいつも朝から宴会、の一団がいた。酒も料理も帝国ホテルの昨夜の宴会の残りだそうで。食べれば変わらぬ極上品。
C＝仲畑貴志　CL＝西新岩田屋／高級質流れ市（00年）

一、大きく味わう、ちいさな楽しみ。

1カ月前にきっぷを予約しておくと、1カ月間もワクワクしていられます。

おしゃれなバーで3時間ネバる楽しみ。酒にせよ、何にせよ、せめて小さな楽しみには、フンパツしたい。
C=仲畑貴志　CL=西武セゾン／クレディセゾン（91年）

きっぷの予約。クリスマスケーキの予約。コンサートの予約。気の長い人はワクワクするが、短い人はシビレをきらす。さて、あなたは？
C=飯塚敦子　CL=日本国有鉄道（87年）

新聞を、急いでめくっていませんか。

人間に、会いすぎていませんか。

ためしに何もかもほっぽらかして旅に出ましょう。1日や2日、いや1ヵ月や2ヵ月、あなたがいなくても世の中なんということも。なお、このキャッチフレーズは「新聞を」が秋、「人間に」は冬、の2本です。

C＝安路　篤　CL＝近畿日本鉄道（93年）

都市には
パッケージのない
食品が必要です。

お米も水も何もかも、パッケージ入り。唯一ない食品といえば？ 野菜。ピンポン。野菜サラダに必要なマヨネーズの宣伝でした。

C＝秋山 晶 P＝木津康夫
AD＝細谷 巌 CL＝キユーピー／キユーピーマヨネーズ
（85年）

都市にはパッケージのない食品が必要です。
ひとりで暮らしていると食事に時間をかけない。冷凍庫には電子レンジのボタンを押すだけでディナーになる食品がそろっている。しかし、カラダも味覚も自然を求めています。野菜は生、ゆでる、レトルト食品以上に調理が簡単。生き生きしたおいしさがスピーディに味わえます。食べ物はそれぞれ固有のパワーを持ち、植物にはイライラをしずめる力があると言われています。都市の食卓に土の産物ですね。
●新鮮な野菜にキューピーマヨネーズ。ビタミンA・D・B_1・B_2がいっぱいの卵の黄味ビネガー、サラダオイルが原料。着色料、乳化剤、防腐剤はいっさい使っていません。
キューピーマヨネーズ
FRESH KEWPIE MAYONNAISE
野菜をもっとたべましょう。

ぐっすりが、いちばんのくすり。

くすっと笑うのもくすりだが、笑えるような時代でもなし。だからぐっすり眠って嫌なこと忘れてしまおう。

C＝赤城廣治　CL＝東洋羽毛工業／羽毛ふとん（97年）

疲れた自分を、ほめてあげたい。

仕事に家庭に生きることに一生懸命。そんな自分にごほうびをあげるとしたら。ご馳走よりも、疲労回復の栄養剤がいい。あなたのカラダは叫んでいます。

C＝岡部正泰、小林秀雄　CL＝武田薬品工業／アリナミンA25（93年）

都会人よ、ベジタブルだぜ。

田舎のダンディーといったスタイリングの千昌夫が、野菜ジュースを手にしたビジュアルです。彼の奥さんはいつも外国人ですが、最近は野菜も外国産が多い。
C＝竹内基臣　CL＝カゴメ／野菜ジュース（83年）

物事を深く考える、の
近頃、流行《はや》っていないようですが。
いいんでしょうか。
と思ってしまった哲学の道。

自分と対峙する時間が大切だ、と若い人に言ったら、「何を退治するんですか」と返ってきた。若い人に、ぜひ訪れてほしい京都・哲学の道。京都キャンペーンのキャッチ・コピーです。
C＝太田恵美　CL＝東海旅客鉄道（98年）

どんな病気も、
愛でなおるんだったら
いいのに。

愛情は、勇気や元気がわいてくる薬にはなりますが、病気はやっぱりなおせません。でも、医療技術は、命を救おうという愛情によって進歩していると思いたい。
C＝児島令子　CL＝小野薬品工業（95年）

ひとは、引力。

引力とは互いに引き合う力のこと。男と女の引力。類は友を呼ぶ的引力。賄賂を贈る側ともらう側の引力。いろんな引力が働くから世の中が面白いのです。
C＝岩崎俊一　CL＝西武百貨店／西武のお歳暮（82年）

人生

life

誰かに何か言われるから、
何もしないの？

火のないところに煙は立たず、人の口に戸は立てられない。でも誰かに何か言われるからと他人の目を気にしたら何もできない。
C＝山本尚子　CL＝クレディセゾン／セゾンカード・インターナショナル（91年）

毎日生きてりゃ、腹も立つ。

そうだ！　電車の中で足を投げ出してるオヤジ。券売機の前でコインを数えてるオバハン。本屋で本の上に荷物をおいて立ち読みするアナタ。ねえ、生きてるってェーことは、腹の立つことなんだよ。
C＝加藤英夫　CL＝サントリー／ローヤル（95年）

敵が多い。だから私は幸せだ。

ここまでポジティブに考えられる人物だから、世界のピエール・カルダンになれたのかもしれません。このコピーのもとは、氏の実際の言葉だそう。
C＝橋本恒夫　CL＝ピエール・カルダン・ジャパン（80年）

世の中、バカが多くて疲れませんか？

会社のバカ、通りすがりのバカ、私もバカかもしれないが、そのバカにも許せないバカがバカバカしいほどいる。そのバカと付き合うと、疲れて私もますますバカになっていくのです。
C＝仲畑貴志　CL＝エーザイ／チョコラBBドリンク（92年）

今、楽しんでおかなくちゃと、なぜ想ってしまうのだろ。

遊ばないとソン。みたいに必死で遊ぶ日本人。ま、遊ばないよりは、遊んだほうが、人生楽しいけれど、カタチだけ遊んでいる人はちょっと寂しいよね。
C＝山本尚子　CL＝クレディセゾン／セゾン・カードインターナショナル（90年）

そうなんだ。人間の時計は、速すぎる。

何百、何千年も生きてる杉の古木同様、樽の中で熟成を続けるウイスキーやワインにも固有の時間がある。さて、それらと比べて人間の時間は？
C＝加藤英夫　CL＝サントリー／サントリーオールド（86年）

そのまま、
しみひとつない人生を、
送るつもりですか。

一流高校、一流大学、一流企業、とずっと一流ずくめで一生を終えて、しみひとつないことが最大のしみになるってことをわかってれば、いいんでないの。
C=伊藤公一、浜崎伸洋 CL=三共／リゲイン（93年）

笑い声と泣き声は、ときどき似ている。

笑うも泣くも心のゆらめきなのです。そのゆらめきがあるから、人は癒される。これはゆらめきのように女性をつつむ服の広告コピーです。

C＝仲畑貴志　CL＝岩田屋

（91年）

ずーっと知らない
という、幸福。

あの料理の味を知らなければ、私は妻の料理で満足していた。この靴の履きごこちを知らなければ、あの靴で満足していた。そういうこと、沢山あります。
C＝仲畑貴志　CL＝岩田屋
（91年）

失敗より、諦めのほうが、
ほんとは恐い。

失敗は成功の母です。エジソン、本田宗一郎、みんな失敗を重ねて大きく開花したのです。コピー機が操作できない？　ファクシミリ、コンピュータも？　だめだめ諦めたら、終わりです。
C＝細野一美　CL＝日本電気／ファクシミリ（89年）

楽しさは、
自分の中から生まれるんだね。うん。

子供が積木を積むのも、大人がコンピュータのプログラムを作るのも、自分の中から生まれる楽しさのためなのでした。
C=小川しのぶ　P=矢田新男
AD=石田光於　CL=関東交通広告協議会（95年）

人間のルールだけで生きていると、
見えないよ。

例えば森には、人のルールとは異なる森のルールがある。見えてるつもりでも、ホントは見えていないものが色々あるのです。
C=小川しのぶ　P=矢田新男
AD=石田光於　CL=関東交通広告協議会（95年）

人生 life

汚れても、汚れても
人はそれでもけがれない。
潰されても、潰されても
人はそれでも再生できる。

泥で汚れようと、ほこりにまみれようと、心がけがれていなければ人は美しい。ボロを着てても心は錦でありたいのです。
C＝眞木 準 CL＝リクルート／ザ・チョイス大賞展（93年）

潰し潰され、のこの社会。だまされて潰された人も、たくましささえあれば必ず立ち直れるのです。
C＝眞木 準 CL＝リクルート／ザ・チョイス大賞展（93年）

なんでも揃う世の中で、
命がひとつとは面白い。

食器を乱暴に扱って割ってしまっても買い替えればいいんだし。の調子で乱暴に運転してたら……。命ばかりは替えがありません。車の運転、慎重に！
C＝仲畑貴志　CL＝熊本県警
（90年）

考えて、
考えないことにした。

いろんな悩みがいっぱい。だったら一回、アタマを空っぽにすると、楽になる。無垢の境地、真っ白いキャンバス、雲ひとつない青空。どうです、心がスッキリした気がしませんか。
C＝永松聖子　CL＝パルコ
（88年）

諸君。
学校出たら、
勉強しよう。

意見が違う。
だから話が
オモシロイ。

学校では学べなかったコト、いっぱいあります。ビジネスマンの常識として、覚えなければいけないコトがたくさんあります。その常識を育て、新しい知識を育てるのが新聞です。
C＝竹内基臣　CL＝日本経済新聞社（83年）

なるほど。そういえば、学者や評論家たちがケンケンガクガク、口角泡を飛ばして、意見し合う、討論会。朝まで眠れないエンターテイメント番組は、今も健在のようです。
C＝仲畑貴志　CL＝味の素ゼネラルフーヅ／コーヒー（85年）

最初に、「よいもの」と出会った
若ものは、ラッキーだ。

最初に出会ったもので、人のセンスの基準が決まります。それは、恋愛、おしゃれ、そして味覚にもいえることです。
C=朝倉 勇 CL=キリン/ビール（80年）

みんな
ギャグを食べて
大きくなった。

赤塚不二夫、石ノ森章太郎、園山俊二、つのだじろう、寺田ヒロオ、長谷邦夫、藤子不二雄。昭和20年代に手塚治虫に憧れて、一流の漫画家をめざしアパート「トキワ荘」に集まり、やがてマンガ界の巨匠たちになりました。
C=森田哲章 CL=関西テレビ『ぼくらマンガ家トキワ荘物語』（82年）

女房のおやじに、
家の一軒ぐらい
持てん奴は……と
言われたときは、
ムッとした。

今、
ムスメの彼に、
同じことを
言っている。
順ぐりだね。

今どきの若いモンは、といわれた人も、やがて同じように説教をするようになる。時代は、くり返し。でも、住宅事情がますます悪化する今、これを言われても、困るよね。
C＝仲畑貴志　CL＝リクルート／週刊住宅情報（84年）

帰りたい町が見えた。
正しく言うと、
帰れない町が見えた。

故郷のことを話そうとすると
みんな嘘になってしまう
ような気がする。

思い出に封じ込んだ街には、帰りたくても帰れない。それが男のロマンなのかもしれません。ジーンズの広告です。
C＝仲畑貴志　CL＝ビッグジョン（82年）

都会育ちの人が大自然ぶりにあんまり驚くもんだから、ついつい調子にのって話がオーバーになってしまうんですよ。でも、都会で田舎自慢ができるなんて、都会も落ちたもんです。
C＝日暮真三　CL＝西友ストアー／お盆フェア（81年）

多くの夢は、
かなえられた瞬間に失われる。

好きな人を手に入れた瞬間、その恋が終わってしまう人がいます。そんな人は、一生、恋の狩人として過ごすことでしょう。
C＝秋山　晶　CL＝キユーピー／アメリカンマヨネーズ（92年）

人には迷い子になる時間が必要だ。

見知らぬ土地で迷子になって見知らぬ人に道を尋ねる。日常とはかけ離れた、ドキドキする時間。これが旅の醍醐味なんです。
C＝大迫　剛　CL＝近畿日本鉄道（83年）

働けど、働けど、
ボクんち、せまい。

だから、フジテレビ様。いっぱい、いっぱい、面白い番組をつくって、ささやかな楽しみを市民に与えてください。
C＝佐々木 宏 CL＝フジテレビジョン（93年）

食卓で、はじめて
「人生のかけひき」を
学んだ。

僕の方がカレーの肉が少ない。ハンバーグの大きさが違う。兄ちゃんの魚。私の玉子焼き。ようかんを2つもとるな。かえせ、とるな、これツバつけたからね。ほんと、食卓は戦場です。
C＝佐藤澄子 CL＝味の素（93年）

胸より胸の中を見せるほうが、恥づかしかったりする。

見せて自慢できる胸と、できない胸があるように、見せて恥ずかしい胸の中と、恥ずかしくない胸の中がある。その恥ずかしい中身のひとつがシタゴコロ。

C＝武藤庄八　CL＝EPIC／片桐麻美『やわらかな心』（88年）

昔の人の夢は濃い。

経験はヒキョウ者の結論。

戦国の乱世。武将たちの国盗り合戦。下克上。忍者たち。剣豪。火付盗賊。新潮文庫の歴史・時代小説フェアの広告です。
C=糸井重里　CL=新潮社／新潮文庫（87年）

経験から言って、と経験を結論の決め手にするオジサン。それを言われちゃ若者は身も蓋もありませんぜ。でも、オジサン。経験は、するもので、かえりみるものじゃないんじゃない？
C=藤原大作　CL=サイテック音楽院（88年）

昨日は、何時間生きていましたか。

肺にいっぱい息を吸いこんで何回も水に潜り、ぎりぎりまでこらえるあの苦しさ。生きている時間は、その息継ぎの時間みたいなものだと思います。
C＝仲畑貴志　CL＝パルコ
（86年）

生命は生きるためにあります。

人は生まれた時から死に向かって生きている。生命に締切りがあると思ったら、そんなに粗末には扱えない。
C＝藤原大作　CL＝熊野スタッフ／南方熊楠計画（90年）

たった一回きりの
人生じゃないですか。

人生の素晴らしいところは、この「一回きり」というところ。これが4回も5回もあったとしたら、たいていの人が自殺するにちがいない。ま、2回はいいか。
C＝東　秀紀　CL＝日本ビデオ販売（96年）

どーせなら、
好きなことで、
苦しもう。

デザイナーになる。聞こえはいいが、一人前になるまでには、苦しい努力の日々。でも、あんなに嫌いだった勉強も、好きなことのためなら辛く思わないのが不思議。
C＝荻　友幸　CL＝東京デザイン専門学校（00年）

自分のサイズで生きる。

世間サイズで生きるか、自分サイズでやるか、どちらがラクで楽しいだろう。上のコピーは大きいサイズ小さいサイズの服充実というデパートの宣伝です。C＝根岸礼子　CL＝西武百貨店／静岡店（81年）

20歳の決意が、いちばん固い。
20歳の情熱が、いちばん熱い。

子供でもない。社会人でもない。ちょうど大人の入り口に立つ20歳。すべてに純粋で、夢にあふれる、いちばんいい時期。不言実行。でっかい夢も、バイトで稼いで叶えてしまう。

C＝大上法於　CL＝学生援護会／アルバイトニュースan（88年）

新幹線にひとりで乗った。
自分が変わる、旅だった。

小学生のおチビたちにとっては自転車が。家を出て都会に向かう若者たちには新幹線が、新しい世界に旅立つ乗り物。
C＝生出マサミ　CL＝JR東海／ファイト！　エクスプレス（89年）

少年少女をやめた夏。

たった1冊の本と出会うことで、子供のあどけなさが奪われることもある。夏休みは太宰や、坂口や、ニーチェなどの悪友に感化される時。
C＝糸井重里　CL＝新潮社／新潮文庫の100冊（90年）

ああ　幸せが　情ない。

夢は、いつ眠るのだろうか。

幸せって、違う角度から見ればため息がでるほどの平凡となる。波瀾万丈の刺激的な人生を送れない人は、芥川などの文学の中で、不幸を疑似体験する。
C＝山本高史　CL＝小学館／昭和文学全集（88年）

若者がいったん抱いた夢は、いかなる壁がはだかっていても萎えるどころか、全速力でかけ抜ける。誰にも止められない夢を実現するために、アルバイトで稼ごう。
C＝大上法於　CL＝学生援護会／アルバイトニュース（82年）

忘れてたことを思い出すのはどうしていつも夜なんだろう。

トイレットペーパーをきらしていた。電球がつかなかった。日常の雑多なことを夜しか思い出せないほど、余裕のない現代人にとって、24時間振り込みOKのテレフォンバンキングは、まさに救世主。

C＝阿部祐樹、佐藤　仁、加藤充彦　CL＝三和銀行／三和テレフォンバンキング（98年）

時は流れない。それは積み重なる。

熟成するほどに美味くなるのはワインやウィスキーばかりではない。時を上手に重ねてきた人間の味も素晴らしい。極上の酒を極上の大人が飲む、いいねえ。

C＝秋山　晶　CL＝サントリー／クレスト12年（92年）

捨てばかりじゃ、
何も残らないんだよね。

捨てるというネガティブな行為から、拾うというポジティブな発想へと転換しつつあるゴミ問題。人気のフリースもゴミだったペットボトルから生まれた。
C＝笠原千晶　CL＝東京農業大学（96年）

人間のすることは、
もったいなくて見てられない。

今、環境や資源といかに付き合っているかで企業姿勢が問われている。資財を無駄にしない板金加工機を開発したコマツのエコロジー・アプローチ。
C＝後藤彰久、川名宏昌、並河進　CL＝コマツ（98年）

心を動かしても、
汗を流せることを知った。

心の動揺から流れた汗は、冷や汗、あぶら汗。どちらかというと、かきたくない汗である。心を動かして流れる汗は、名曲をきいた時の感動にも似た、気持ちのよい汗である。
C＝仲畑貴志　P＝坂田栄一郎
AD＝井上嗣也　CL＝パルコ
（85年）

賛成1、反対9。
どちらも、まちがいじゃない。

単純に賛成が多いだけの意見が正しいとするのを、愚民主義といいます、はい。少数の意見でも無視しないでほしいのです。
C＝仲畑貴志　P＝坂田栄一郎
AD＝井上嗣也　CL＝パルコ
（85年）

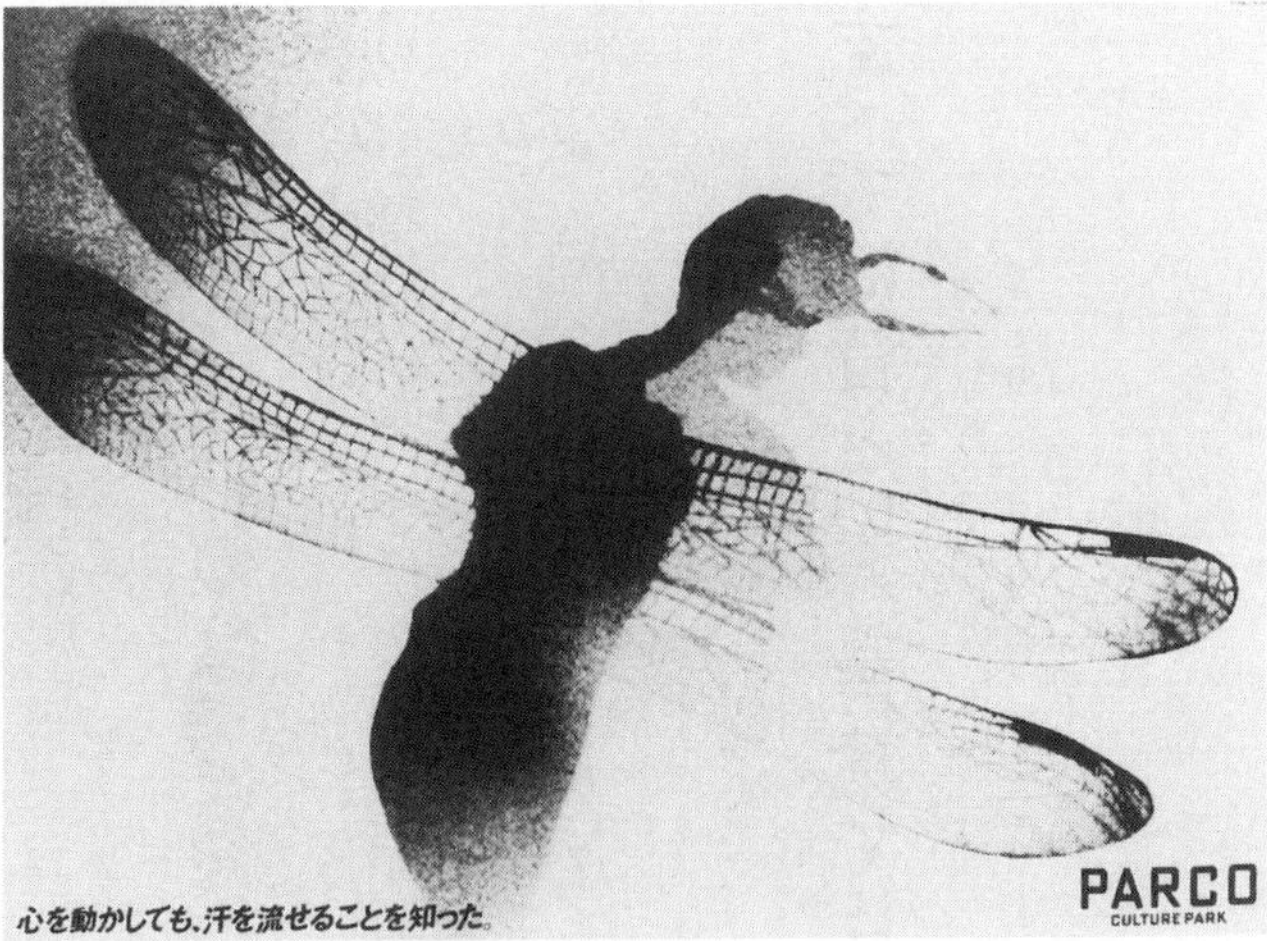

心を動かしても、汗を流せることを知った。
PARCO
CULTURE PARK

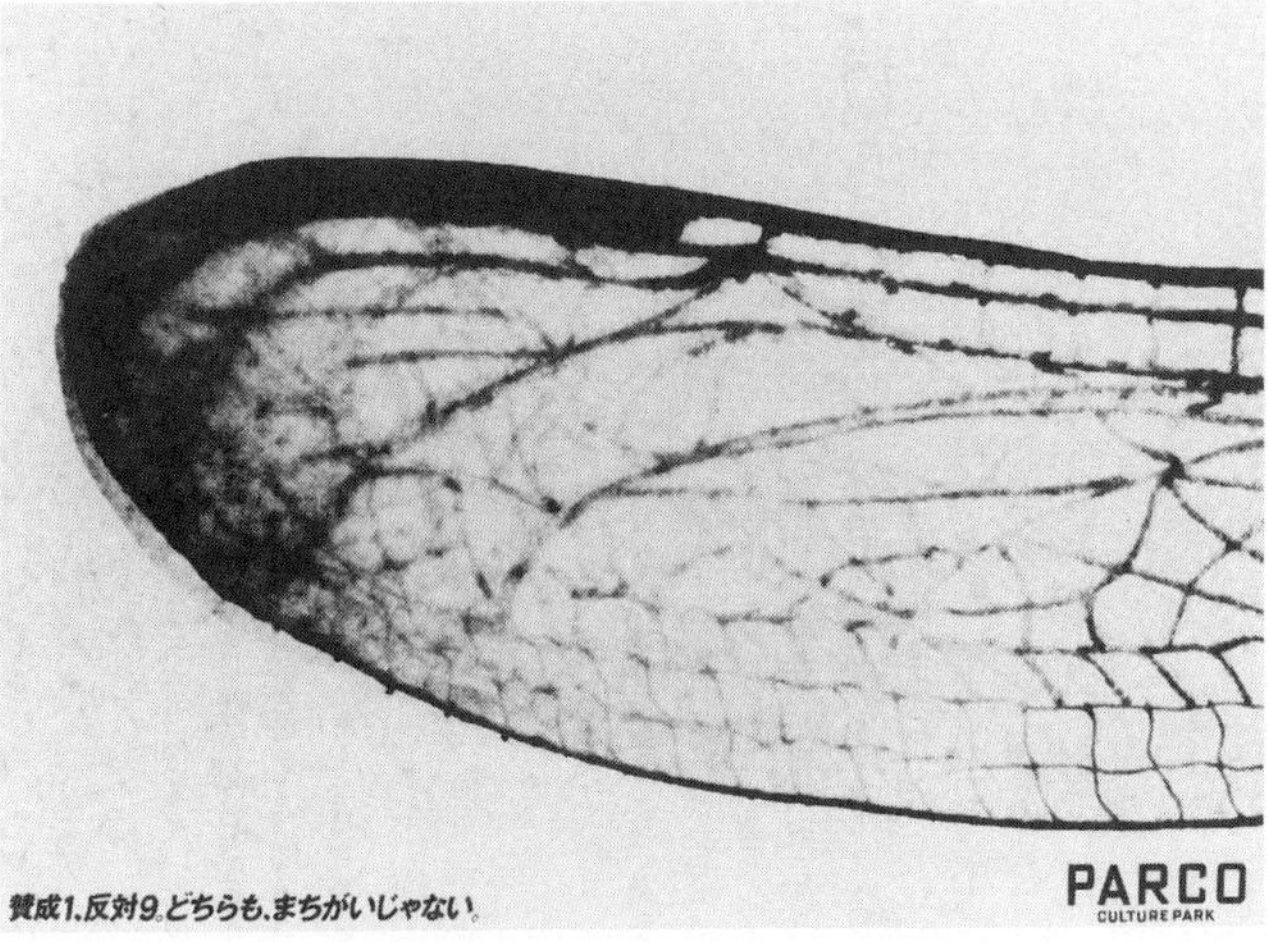

賛成1、反対9。どちらも、まちがいじゃない。
PARCO
CULTURE PARK

いちばん怖いのは、
心の激震だ。

グラッときても、慌てないために。9月1日の防災の日。各家庭に防災訓練を促がす新聞広告。
C=山吉久雄　CL=読売新聞連合広告（83年）

すべては昔という言葉で片づけられる。

それがどんな時代であれ、過ぎてしまえば、昔になる。古きよき時代になる。「トルーマン・カポーティを読みながら」という「アメリカンマヨネーズ」のシリーズ広告コピー。
C=秋山　晶　CL=キユーピー／アメリカンマヨネーズ（91年）

殴った方が泣いている、そんなケンカもありました。

10代の心は純粋だ。昔の少年たちは、泣きながら喧嘩して友情を深めていった。学研のこのコピーは、「愛や勇気を知る時が、学ぶ力の一番ある時」と結ぶ。C＝鵜澤敏行　CL＝学習研究社／問題集と参考書（01年）

自分のものさしを持っています。

車が大きいとか小さいとか。そのものさしは、何を基準にしているんだろう。自分がよし、と思えるものさしを持つと買物も人生もずっと楽しい。おチビな車、「smart」のコピー。これは、C=神山浩之、蛭田瑞穂　CL=ダイムラー・クライスラー日本／smart（01年）

ビリでもエライ。

脚を引きずりながら完走を果たそうとするランナー。その勇気と根性に観衆は、1等賞の拍手を送る。C=山田和彦　CL=小学館／学習雑誌（81年）

モノより思い出。

子供時代のうれしかったこと。浮かんでくるのは、おもちゃを買ってもらったことじゃなく、親と遊んだことばかり。モノ社会で育つ今の子供こそ、思い出が心の財産になる。

C＝小西利行　CL＝日産自動車／セレナ（00年）

死ぬまで生きても数十年。
自分にすなおに暮したい。

年をとることは
衰えることではないと思いたい。

後悔、先に立たず。とはいうがあの世で悔やんでも後の祭り。嫌な上司にガマンできるか。安い給料で笑えるか。自分に正直になれば、転職も怖くない。
C＝仲畑貴志　CL＝リクルート／B-ing（91年）

頑固、短気、わがままなど、老人力を発揮して、うちのおじいちゃんもますます血気盛んになっています。
C＝山本高史　CL＝西武百貨店／池袋店（93年）

この夏も、やがてあの夏になる。

時は流れる。あっという間に、今が過去になる。毎日をていねいに生きるためにも、コーヒータイムを大切にしよう。
C＝仲畑貴志　CL＝味の素ゼネラルフーヅ／ブレンディ
（93年）

政治学。経済学。文学。恋愛論。
今夜も大人の授業が始まる。

「沈思すること少なければ、しゃべること多し」とモンテスキュー氏。「げすのことばには必ず文字あまりしたり」と清少納言女史。そうでなくても酒は饒舌の薬。困ったぞ。
C＝御倉直文　CL＝サントリー／山崎（98年）

ロマンチックが、したいなあ。

竹輪のような太い指にマリッジリングをはめて、それはないでしょお父さん。まっ、せめてもの楽しみに、酒でも飲んで淫らな気分になってちょーだい。
C＝糸井重里　CL＝サントリー／レッド（81年）

青春をいつ、はじめるか。

ときめきなんて、とバカにする大人には訪れない。にっこりする大人には、いつでもやってくる。それは、何か。大人の青春。
C＝眞木　準　CL＝伊勢丹／第2団塊の服（84年）

夢国籍でいこう。

人類のるつぼアメリカじゃ、いろんな国の人間がマーブルチョコのように混ざり合っていて、同じ夢を持つ人間たちでグループが自然に生まれている。
C＝眞木　準　CL＝伊藤忠テクノサイエンス（01年）

きちんと喜ぶ。
きちんと怒る。
きちんと哀しむ。
きちんと楽しむ。

人生をあいまいに生きてる人は、リアクションもあいまいだ。人生をていねいに生きてる人は、自分の感情も「きちんと」表わす。このコピーは「きちんとのぞく」雑誌、「フラッシュ」のもの。
C＝田中　徹　CL＝光文社／フラッシュ（87年）

死んだらどうなるのだろう。
考えていたら
涙が出ちゃった。

ヒトでもモノでもコトでも、イヤのすべてを数え上げてください。指のささくれ、など小さなことも忘れずに。死はそういうイヤのすべてと別れること。ね、うれし涙が出てくるでしょ。
C=仲畑貴志　CL=パルコ
（90年）

それがどうした。

中流の中だの、
中流の下だの、
そんなこた
どうでもいい。

立ってるのが、いい。
輝いてるのがいい。
汚くないのがいい。
しなびてないのがいい。

他人の評判だの、
腹の減り具合だの、
気にしていたら
きりがない。

どうだ。
どうだ。
さあ、
みんなの正月だ。

正月は朝から御神酒を飲んで去年の憂さを忘れて、初詣に行って、おみくじ引いて、今年はいい年でありますようにと賽銭あげて、家内安全商売繁盛を願うのだ。
C＝糸井重里　CL＝パルコ
（88年）

せんせい。
にんげんは
なんのために
いきてるんですか。

哲学的な質問。それは先生にだってわからない。だから、そんな難しいことを考えるよりも海や山に行って、思いっきり遊べば、自分なりの答えが出るんだよ、坊や。

C=大曲康之　CL=西日本鉄道（90年）

生きてくのは、死ぬほどたいへんだぞ。

人をくったような言いまわしに、お説教される方もホッとする。笑わすのは、泣くほどたいへんだぞ、なーんて、落語家の師匠のお説教にもありそう。
C=花岡邦彦　CL=ホンダクリオ共立（94年）

歌声が聴こえる。
姿は見えないが、
誰か生きている。

神様には誓えない。
自分には誓える。

息づかいより、歌声が聴こえてくる方が妙にライブでゾクッとするよね。悲しい歌。嬉しい歌。楽しい歌。感情がストレートに現れる歌は、肉体の叫び。
C＝仲畑貴志　CL＝MMG／ハウンドドッグ「VOICE」（90年）

ブライダルサロンの広告コピー。確かにその通り。病める時も貧しい時も生涯支えとなるなんて、絶対の約束はできない。軽がるしく神に誓うなんてバチが当たりそうで怖い。
C＝上田哲郎　CL＝オルガンザ／ブライダルサロン（01年）

分からないから面白い。

あした、考えよう

ミステリーサークル、ストーンヘンジなど誰が作ったのか。はたまたネス湖に恐竜はいるのか。人は謎に会いに旅をする。これは日本の「飛鳥の里」の広告。
C＝田島一明　CL＝近畿日本鉄道東京支社（83年）

今の若いコは、何も考えていないのではなく、今、クヨクヨ考えても無駄だと、見送っているだけ。そして翌日はすっかり忘れている。いいじゃん。
C＝永松聖子　CL＝パルコ／パルコティーンズ（87年）

生きているうちに、生まれ変わろう。

自分が嫌い。コンプレックスを抱きながら生きている人がいる。ああ、死にたいなんて嘆きながら。でも人間は心ひとつで、死ななくても生まれ変われる。

C＝こしみず幸三　CL＝シングルカット／MIHARU（00年）

Thanks for lovely creators.

解説

穂村弘

ポスターの前で立ち止まって、そこに記されたコピーを書き写すことがある。多くは写真やイラストレーションとのコラボレーションという形になっているのだが、私はその言葉を詩のようなものとして読んでしまう。作者名がなく、その代わりにクライアントというものがあって、広い意味で何かを売り込んでいる、ということはわかる。だが、その手法は、この商品はこういう理由でとても優れているからお買い得です、という直接的アピールからは既に大きくかけ離れている。そこが怖いと同時に面白い。

潜在的消費者としての読者を魅了することを絶対条件とするジャンルの宿命によって、研ぎ澄まされた言葉は、共感と驚異の要素を備えた詩に近づくのではないか。その一方で、文学における詩歌がコピー化しているとも云われる。だが、考えてみると、例えば私が関わっている短歌には、古くから詠み人知らずの歌があり、与えられた題を詠み込む題詠というものがあった。最初のクライアントは天皇や国家だった。ならば、歴史的にコピーライティング性を帯びているとも云えるんじゃないか。

　私がコピーという存在を意識するようになった一九八〇年代から九〇年代にかけては、両者の距離感が現在よりもさらに近かったように感じる。それだけに短歌をつくり始めていた自分にとって、コピーは音楽の歌詞と並んで羨望と嫉妬の対象だった。街を歩いているだけで、目から耳からどんどん飛び込んできて心を揺さぶってゆく言葉たち。詩歌こそ、そのようなものであって欲しいのに。

　その頃好きだったコピーを幾つも覚えている。例えば、「けれども、君は、永遠じゃない。」。渋谷だったか池袋だったかのパルコの階段の踊り場で手帳に書き写した記憶がある。要するに「みんな死ぬ」という意味だ。ところが、「みんな」を「君は」に替え、「死ぬ」を「永遠じゃない」と反転させ、とりわけ冒頭に「けれども」という逆接の接続詞を付したことによって、見違えるように鮮烈な言葉になっていた。

　それ以外にも「牧童の条件。1：体力頑健。2：意志強固。できれば孤児がよい。」「また会えるさといって、会えた二人は少ない。」「人は変わり、町は変わった。荒野では、何も変わらない。」などと出会ったときの衝撃は忘れ難い。いずれも走り書きのメモと記憶から引っ張り出したものなので正確な引用ではないかもしれない（すみません）が、当時の私はこれらの言葉たちに魅了されていた。

今回解説の依頼をいただいて、本書の校正刷を捲りながら、好きだったコピーに再会してたまらなく懐かしい気持ちになった。「キミが好きだと言うかわりに、シャッターを押した。」「考えて、考えないことにした。」など、言葉とともにあの頃の空気感が甦る。

初めて出会って惹かれたものも多い。「あなたの夏が、私の夏でありますように。」「ブルドッグは、なぜ老けて見られるのでしょうか。」「故郷のことを話そうとするとみんな嘘になってしまうような気がする。」「目を閉じても見える人。」「男は先に死ぬ。」、これらを目にした瞬間、見慣れた世界の皮がべろっと剝けて新しい場所に立たされた気分になった。

本書のような形で過去の傑作をまとめて読み返すとき、こちらがその後の時間の流れを知っているために、ひとつのコピーの影響力を改めて感じることになる。「亭主元気で留守がいい。」などは、日本人の「亭主」観に決定的な影響を与えたと思う。なんだか、大昔からある諺のような気がするほどだ。

　また本書には作者名などのデータが付されているために、それを意識することで詠み人知らずだったコピーの見え方が変わった。初めてひとりひとりの作家性を意識することになったのだ。眞木準さんはなんて突き抜けた駄洒落的レトリックの使い手なんだろうとか。糸井重里さんのコピーからは言葉になるまでの助走距離の長さを感じるとか。

　数年前のこと、或る仕事の席で一倉宏さんと御一緒する機会があった。そのとき、何かの拍子に目の前の人が「けれども、君は、永遠じゃない。」の作者であることを知って感激というか動揺した。この人があれを書いたのだ。私は慌てて自分の手帳を開いて昔の走り書きのメモを指さした。ここ、これ、僕、写しました。そこには単に好きな詩の作者と会えたという以上の、不思議な興奮があったと思う。

（歌人）

本書を刊行するに際して、たくさんのコピーライターの方々をはじめ、写真家、イラストレーター、アートディレクター、広告クライアント、そして東京コピーライターズクラブほか、多くの皆様のご協力、ご支援をいただきました。心より感謝いたします。

なお、伊藤公一氏＋浜崎伸洋氏、生出マサミ氏、岡田亜子氏、小川英紀氏、佐々木克彦氏、杉山明人氏、竹内基臣氏、奈良坂進氏、平野由里子氏の方々には、連絡先が不明でご連絡できませんでしたが、本書の主旨に沿う素晴らしいコピーでしたので掲載させていただきました。

株式会社　文藝春秋　文春文庫編集部

文春文庫

人生《じんせい》を教《おし》えてくれた
傑作《けつさく》！　広告《こうこく》コピー516

定価はカバーに
表示してあります

2012年３月10日　第１刷
2022年11月25日　第６刷

編　者　メガミックス
発行者　大沼貴之
発行所　株式会社　文藝春秋

東京都千代田区紀尾井町 3-23　〒102-8008
ＴＥＬ　03・3265・1211㈹
文藝春秋ホームページ　http://www.bunshun.co.jp
落丁、乱丁本は、お手数ですが小社製作部宛お送り下さい。送料小社負担でお取替致します。

印刷・大日本印刷　製本・加藤製本
Printed in Japan
ISBN978-4-16-780174-8